罗马法民法大全翻译系列

CORPUS IURIS CIVILIS

DIGESTA

学说汇纂

(第十一卷)

可产生法律效果的各种行为与事实

吴 鹏 译
[意] 腊 兰 校

中国政法大学出版社
2021·北京

OSSERVATORIO SULLA CODIFICAZIONE E SULLA FORMAZIONE DEL GIURISTA IN CINA NEL QUADRO DEL SISTEMA GIURIDICO ROMANISTICO

UNIVERSITÀ DEGLI STUDI DI ROMA "TOR VERGATA"
"SAPIENZA" UNIVERSITÀ DI ROMA
DIPARTIMENTO IDENTITÀ CULTURALE DEL CNR
UNIVERSITÀ DELLA CINA DI SCIENZE POLITICHE E GIURISPRUDENZA (CUPL)

Volume stampato con il contributo dello stesso Osservatorio

DE VARIIS CAUSARUM FIGURIS

Traduzione in cinese con latino a fronte

A cura di SANDRO SCHIPANI
Professore Senior di Diritto Romano, "Sapienza" Università di Roma

Traduzione in cinese di WU PENG
Dottore di Ricerca dell's Università degli Studi di Roma "Tor Vergata"

Revisione dell's intera traduzione ad opera di LARA COLANGELO
Ricercatrice presso l'Università degli studi "G. D'Annunzio" Chieti-Pescara e collaboratrice presso l' "Osservatorio per la codificazione e la formazione del giurista in Cina nel quadro del sistema giuridico romanistico"

Con collaborazione del Centro di Studi sul diritto romano e Italiano
UNIVERSITÀ DELLA CINA DI SCIENZE POLITICHE E GIURISPRUDENZA (CUPL)

序

1. D. 11 终结了《学说汇纂》的第二部分（第 5 – 11 卷），该部分被称为《关于审判》，它一开始涉及的是一系列关于物的权利，这些权利一向与辩护这些权利的诉讼的真实特点相结合：如请求继承之诉、请求返还之诉，等等。《坦塔谕令》第 4 章——它于此处提及了《学说汇纂》多个部分的内容——将此部分所涉及的内容归入"关于物（de rebus）"大类，这一大类中大量使用了《德多恩（Dédōken）谕令》第四章的希腊语文本中未曾翻译的法律拉丁文术语。《学说汇纂》第 11 卷中的各标题曾出现在永久告示中，但位置有所不同，它们显然是被优士丁尼时代的法学家们归入至此处的。这一安排的逻辑很难理解，因为内容似乎是异质的，但仔细观察之下可以发现其具有三个核心，而三个核心都可以归结于"物"的范畴。

在本序中，正如在之前被翻译的每卷的序中那样，我们引用波蒂埃[1]提出的对句子和段落的重新排序，该重新排序构成了对《学说汇纂》的伟大的现代"解读"之一

---

[1] Pandectae Justinianeae in novum ordinem digestae, 1748 – 1752.

的基础,及之后的1804年《拿破仑民法典》的基础,并且与《学说汇纂》及对它的其他解读一起,构成了现代法典——作为罗马共同法的再法典化——的伟大时代的基础[1]。此解读可以被超越,一如我为了《学说汇纂》第9卷所做的,也一如我的同事A.萨科乔为了《学说汇纂》第12卷所做的,但它仍然是一个指南,该指南收集了以注释法学家们的研究为开端的遗产,这份遗产通过捕捉对先前文献有所增益的新联系和新视角而得以长期延续。

2. 本书的标题—"关于应当于诉讼中提出的〈正式〉盘问以及关于基于〈正式〉盘问的诉讼"在裁判官永久告示中开始了此告示的标题十四:"关于审判";此告示被置于本书的开头,连接着前一卷的最末一个标题——"关于出示之诉"(D. 10, 4)。一如出示之诉被用来准备物权诉讼那样,原告在执法官在场并授权后正式提出的问题,或在诉讼提起之前由执法官直接提出的问题,主要是被用来准备发起这样的一种对人之诉:关于债权人不了解债所处的准确情况的债(例如,这种不确定通常发生在死者的债权人身上,他不知道继承人是否接受了遗产或者是接受了多大份额的遗产,而他需要知道这一点,以便有根据地发起他所能发起的诉讼);要么是被用来准备发起损害投偿之诉,或者与物的占有相关的物权诉讼。从对这些正式问题的回答中,会产生一些"盘问"诉讼,这些诉讼的程式

---

[1] 参见S. Schipani, La codificazione del diritto romano comune. Appunti delle lezioni(处于编辑阶段).

(*formula ex responsione*/基于正式回答的程式）被适用来包含一个这样的条款：该条款确定它是正式盘问和相应答案的对象。此外，如果回答是否定的或仅部分肯定的，则原告可以对其回答进行质疑并证明其虚假性。如果他能证明这一点，则被告在已经被证实的盘问内容范围内承担责任。

此标题可以分为三部分来阅读。

第一部分：在哪些情况下发生盘问之诉，如果被盘问者应当回答涉及他人之事且应当立即回答，则可以区分与之相关的问题——在哪些情况下允许进行诉中盘问，关于哪些事被盘问者必须回答：D. 11，1，2；D. 11，1，3；D. 1，1，1pr.；D. 1，1，9，6；D. 11，1，9，7；D. 11，1，20，1；D. 11，1，20，2；D. 11，1，10；D. 11，1，11pr.；D. 11，1，21；D. 11，1，9，3；D. 11，1，19；D. 11，1，9，4 末尾；是否及何时应当准予一段时间作答：D. 11，1，5；D. 11，1，6pr.；D. 11，1，6，1；

第二部分：至于司法盘问的效力，必须从一开始就明确指出，它确定了原告有兴趣知道的事实，并且，如果被告做出虚假声明，他的回答将对其自身不利：D. 11，1，4pr.。从这里产生四个问题：

——虚假回答会产生哪些责任？相关问题可以区分为，人们可以确认其虚假的情况：D. 11，1，11，9；D. 11，1，7；D. 11，1，11，1；D. 11，1，11，2；D. 11，1，12，1；D. 9，4，26，3；D. 11，1，8；D. 11，1，20pr.；

D. 11, 1, 18；以及人们可以否认其真实的情况：D. 11, 1, 11, 3；D. 11, 1, 17；D. 39, 5, 29, 1。

——为使虚假回答产生责任，必须满足哪些条件？这个问题通往对以下条件的罗列：它要求回答在诉中被给出，并由可以身处诉中的人给出：D. 11, 1, 4, 1；D. 11, 1, 9, 1；D. 11, 1, 9pr.；D. 11, 1, 9, 2；它要求回答是可能的：D. 11, 1, 14, 1；D. 11, 1, 16, 1；D. 11, 1, 13pr. 末尾；它要求提出盘问所基于的诉讼应当继续存在，比如，如果一则盘问是为了向权力人发起损害投偿之诉而提出的，而此时其权力下的人变成了自权人，那么无论前权力人的回答是什么，其回答中都不产生他的责任：D. 11, 1, 13pr.；D. 11, 1, 14pr.；D. 11, 1, 13, 1；D. 11, 1, 16pr.；D. 11, 1, 15, 1；D. 11, 1, 15pr.；D. 9, 2, 23, 11；D. 9, 2, 24；D. 9, 2, 25pr.；它要求回答是出于故意或重大过失，且该回答未被撤回，这样情况仍属完整：D. 11, 1, 11, 11；D. 11, 1, 11, 10；D. 11, 1, 11, 3 末尾；D. 11, 1, 11, 8；D. 11, 1, 11, 12；

——谁因为虚假回答而产生责任，以及该责任是针对谁的：D. 11, 1, 9, 4；D. 9, 2, 25, 1；D. 11, 1, 22；

——对不回答者的缺席判决会产生什么责任，以及责任在什么情况下产生：D. 11, 1, 11, 4；D. 11, 1, 11, 5；D. 11, 1, 9, 8；D. 11, 1, 11, 7；D. 50, 16, 239, 9；D. 11, 1, 9, 5；D. 11, 1, 11, 6；D. 11, 1, 12。

第三部分：关于与诉中盘问相关的新权利：D. 11,

1，1，1。这则文本——据称是被《学说汇纂》的法学家们所纂改了的，其变化可能导致了其他变化——在实质和方法论方面引发了特殊的兴趣：事实上，作为置于开头的一个标题，它告诉我们这样一个事实，即司法盘问——从中可以产生特定的盘问之诉，它们至少部分地基于收到的回答——由于审判程式的变化而停止存在了。在优士丁尼时代，正如在这里所写的，被告不必在审判开始之前在庭上作答，目的是让他有选择：承认原告的诉请（法律自认），或是通过在庭上提出反诉从而正式对抗之，只有在这时，在其反诉的范围内，他才能进行反抗程序性的抗辩。从方法论的视角来看，有趣的是，以下文本——作为拿来学习的法律、并在之后受制于法学家用户（他们的用法部分有别于最初的用法）的再解释的法学模板——被认为是同样正确的，与之互动的其他法学家，则根据这些文本可以提供有用指示的情况对它们进行了调整。

标题二很简短，它与第 5 卷的标题一相关联，即："关于由同一法官审理的某些事项"，规定在涉及多个人的情况下，必须将他们转介给同一位法官。这就是 D. 11，2，1；D. 11，2，2 这两句（关于这一点的其他文本主要有，D. 40，12，8，3；D. 40，12，9）。

3. 标题三、标题五和标题六是告示中宽泛的标题十五《关于在他人财产中的物（*De his quae cuiusque in bonis sunt*）》的一部分，这几个标题如同之前的《学说汇纂》第 9 卷一样，列明了一系列保护财产不受损害的诉讼；另一方面，标题四是告示标题一的一部分，其措辞未被证实，被置于此处似乎是因为与标题三的主题相关联。

因此，标题三关注"腐蚀奴隶"的问题。D. 11, 3, 1pr. 涉及一种裁判官法上的不法：乌尔比安——其评论构成了此标题的大部分（参见 1、3、5、7、9、11、13 句）——从一开始就提到了裁判官在永久告示上的用词，并评论了裁判官的用词。虽然优士丁尼时代的法学家们为了减少古典法学家作品的体量而做出了删减，但是从至今仍然存在的两处记载中依旧可以看见乌尔比安的评论（参见 D. 11, 3, 1, 2 e 1, 3）。

裁判官在其整合市民法的活动中，对某些行为的制裁与对某些私犯的制裁相似（因此产生了后来的称呼：准私犯之债/ *quasi ex delictoabligari*）。裁判官打击的行为可归结为两种类型：第一，与制定程序相关联的行为，比如，篡改登记簿（D. 2, 1, 7 中的 *a. de albo corrupto*）；不遵守行使管辖者的规定（D. 2, 3）；原告未能指明诉讼（D. 2, 13, 1pr.）；被告在未给出推迟应诉保证人（*vindex*）的情况下不遵守出庭义务（Gai. 4, 183），或者推迟应诉保证人不展示被传唤人（D. 2, 8, 2, 5）。第二，将争议变成他自己的争议之法官（D. 50, 13, 6），比如，判处与程式确立的金额不同的判决（Gai. 4, 52），或出于友谊、敌意或腐败而不公正式裁判（D, 5, 1, 15, 1），等等；或者程序外的行为，如诱使奴隶逃跑，或藏匿之，或诱使他犯罪；或赌博；或者土地测量员故意对土地做出错误或不准确的计量,如本书标题六所述;侵犯坟墓(D. 47,12,3pr.);收税员为占有纳税人的财产而进行的暴力行为(D. 39,4,1pr.);以及众所周知的胁迫(*metus causa*)之诉和欺诈(*doli*)之诉,它们相较于那些与诱使进行不利交易有关的诉讼,有着更进一步的适用空间。

关于腐蚀奴隶,在此处应当首先澄清六个问题:腐蚀发生的时间;谁能发起诉讼;对谁能发起诉讼;持续多少时间;该诉讼包含何物;通常与哪些其他诉讼相竞合。

——D. 11,3,1,2;D. 11,3,5;D. 11,3,1,3;D. 11,3,1,5;D. 11,3,2;D. 11,3,15;D. 11,3,1,4;D. 11,3,3pr.;D. 11,3,3,1;D. 11,3,4;D. 11,3,5,1;D. 11,3,14,1;

——D. 11,3,1,1;D. 11,3,14,4;D. 11,3,5,4;D. 11,3,6;D. 11,3,7;D. 11,3,16;D. 11,3,9,1;

——D. 11,3,9pr;D. 11,3,5,3;D. 11,3,14,2;D. 11,3,14,3;D. 11,3,13pr.;D. 11,3,8;

——D. 11,3,9,2;D. 11,3,5,2;D. 11,3,14,5;D. 11,3,14,8;D. 11,3,9,3;D. 11,3,10;D. 11,3,14,7;D. 11,3,14,6;D. 11,3,11pr.;D. 11,3,11,1;D. 11,3,17;D. 11,3,14,9;

——D. 11,3,11,2;D. 11,3,12;D. 1,18,21。
从这些文本中我们看到人们对经常竞合的多种诉由的关注,并且我们谨慎地加以区分以证明多种刑事诉讼或类似诉讼的累积竞合是正当的：因此请注意，由于造成了两种"损害"原因的竞合，因此尽管二者在主观方面和法律责任上有所不同（参见 D. 11, 3, 3, 1-4; D. 11, 3, 5, 2），《阿奎利亚法》责任的累积没有被规定，但是盗窃被规定了[1]。

4. 正如已经指出的那样，裁判官将标题四"关于逃奴"放在永久告示的开头，优士丁尼时期的法学家们将它与前一个标题相联系，很明显是考虑到这一事实：腐蚀奴隶的主要形式是将其变成"逃奴"或"流浪"的状态。在优士丁尼时代没那么重要的是，这一规范性规定的来源是一则元老院决议；所涉主题的接近性更为重要。然后，在本标题中，我们还将简要考虑有关以下方面的规定：将逃奴从执法官那里带走的义务，其羁押和返还，以及可能使用的强制手段。

考虑到 D. 11, 4, 1, 5 中"逃犯"的法律概念，本书首先展示了元老院决议中关于逃犯的两个部分并引用相关谕令，从而区分了两个论点：第一，那些隐藏逃奴的人（D. 11, 4, 1pr.; D. 11, 4, 1, 1），对逃奴的搜查和要求：D. 11, 4, 1, 2; D. 11, 4, 3；第二，本书阐释了将逃奴带至执法官面前的义务，包括将其羁押的义务，将其归还给主人的义务以及为此目的而使用必要强制手段的义务：D. 11, 4, 1, 3; D. 11, 4, 1, 6; D. 11, 4, 1, 4;

---

[1] 在《法学阶梯》中，我们在 J. 4, 1, 8 和 J. 4, 6, 23 中找到对腐蚀奴隶的提及。

D. 11, 4, 1, 7; D. 11, 4, 1, 8; D. 11, 4, 5; D. 11, 4, 2[1]。

5. 标题五："关于赌徒"也规定了一种裁判官法上的不法行为的假说，这种不法行为与标题三相同，被规定于已经被援引的永久告示的标题十五项下；它开始于援引永久告示中识别出事例的文本（D. 11, 6, 1pr.），并且还证明对这些词语的评论特别注意（D. 11, 6, 1, 3; D. 11, 6, 1, 4），在构成短作之最大部分的乌尔比安的片段中，也结合了保罗和马尔西安的文本，这说明再次提及损害是很重要的。

如 D. 11, 6, 1pr. 中所示，裁判官告示所指的是那些玩机会游戏的人，并且针对的是那些使用暴力来玩游戏的人。在文本中可以区分两个部分，第一部分：D. 11, 6, 1, 1; D. 11, 6, 1, 2; D. 11, 6, 1, 3 以及第二部分：D. 11, 6, 1, 4; D. 11, 6, 2pr.。随后援引了一份反对赌博的元老院决议：D. 11, 6, 2, 1; D. 11, 6, 3; D. 11, 6, 4pr.; D. 11, 6, 4, 1; D. 11, 6, 4, 2。

在比赛方面，优士丁尼以公元529年的谕令禁止任何比赛，除了跑步、跳跃、标枪投掷、格斗、赛马，有一段时间，他也不允许在这些比赛中玩超过一金（由康斯坦丁推出的金质钱币，重4.75克）的赌注，惩罚是必须退还

---

[1] 在《法学阶梯》中，提及了对一个出于怜悯而将他人奴隶从树桩解放出来的人发起的事实之诉，我们在与《阿奎利亚法》有关的标题中找到了它（J. 4, 4, 16 末）。

超过的钱。他还允许人们通过起诉来取回在被禁止的游戏中所损失的金钱和珍贵产品（如香料），这既针对直接接受赌注的人，也针对其继承人。如果输了钱的人或其继承人没有提起诉讼，则将诉讼权利移交给比赛所在城市的诉讼代理人，他们将不得不动用在城市营建中追回的钱（参见 C. 3, 43）。

6. 标题六："如果土地测量员就测量结果做出虚假报告"则指明了另一种社会语境下的案例，但它也属于前述永久告示标题十五中所规定的裁判官法上的不法行为，但位置与之前两处距离很远。这个标题也属于财产损失的主题领域。但是，这种损害发生在从事与土地买卖或土地分割有关的专业活动的情况下，此时当事方显然在不被欺骗中存在利益。但是，土地测量师的活动不属于可以租借的活动，这项工作被认为是土地测量师做出的"恩惠"，而他为此获得了"荣誉"。因为不是一项可能成为合同对象的活动，所以裁判官以事实之诉加以干预：D. 11, 6, 1pr.。

可以确定与此诉讼有关的三个问题。

——第一，涉及到界定何时能够提起这一诉讼：D. 11, 6, 5pr.; D. 11, 6, 1, 1;

——第二，谁能发起这一诉讼、在多大程度上能发起这一诉讼：D. 11, 6, 3, 1; D. 11, 6, 3, 2; D. 11, 6, 3, 3; D. 11, 6, 5, 1; 对谁发起这一诉讼：D. 11, 6, 1, 2; D. 11, 6, 2, 1; D. 11, 6, 3, 4; D. 11, 6, 3pr.;

D. 11, 6, 3, 6; 此诉讼是否允许继承人发起, 或是否允许针对继承人发起, 以及该诉讼能持续多久: D. 11, 6, 3, 5; D. 11, 6, 4。

——第三, 该告示延及于谁、针对的是谁: D. 11, 6, 7, 2; D. 11, 6, 5, 2; D. 11, 6, 6; D. 11, 6, 7pr.; D. 11, 6, 7, 1; D. 11, 6, 7, 3; D. 11, 6, 7, 4。

7. 主题仍然是有关于"物"的, 但随着之后的标题七"关于宗教场所、丧葬费及如何准备葬礼"而变化, 并且与告示的标题十六相符,《学说汇纂》本卷接下去的标题八即是其中的一段。

在《学说汇纂》第6卷的标题一中, 讨论了对物的请求返还。在第1卷的标题八中, 引入了对物的论述, 并进行了一些基本的划分: "事物的最高划分可归结为两种表达, 事实上有一些是神法, 其他的是人法。神圣物和神息物是属于神法的。" (D. 1, 8, 1pr.; D. 1, 8.6, 2-5; J. 2, 1, 7-10; 另请参见 Gai. 2, 2-3) 神法上的物不能属于任何人, 因此, 在涉及它们时, 不能主张返还财产, 因此, 在某种意义上, 这一标题构成了与可能属于私人财产的物有关的标题的完成, 并且这一标题通过更准确地述及神息物并将其表述方式与保护神息物的禁令相结合, 构成了与之相应的"主张返还", 以取代主张返还。除了这个主题核心之外, 还涵盖了一些相关主题。

该标题的重排分为三个部分。

第一部分: 关于神息物, 首先要确定什么是"宗教场所",即坟墓以及它如何与纪念碑相区分,并据此阐明什么是坟墓:D. 11,7,2,5(第一句);D. 11,7,2pr.;D. 11,7,44pr.;D. 11,7,2,5(第二部分)以及什么是纪念碑:D. 11,7,2,6;D. 11,7,42;D. 11,7,6,1。因此,要成为一个宗教场所,必须具备什么先决条件:首先,必须将死者的遗体放置在那里,以使其永生。如果这不是其意图的话,那么这个要求就无法得到满足:D. 11,7,40。此外,有必要合法地进行,即在死者遗产中的地方进行,即使安葬死者的人不拥有死者的遗产:D. 11,7,4;D. 11,7,46pr.;D. 11,7,2,7(第一句),或在所有人不可撤消的同意下:D. 11,7,34;D. 10,3,6,6;D. 11.7.41;D. 11,7,2.7(第二部分);D. 11,2,8;D. 11,7,2,9;D. 11,7,3;D. 47,12,3,5;以及它何时不再是:D. 11,7,44(最后一句话);D. 11,7,36。

其次,必须考虑与宗教场所有关的各种告示。必须记住的是,依据裁判官告示,没有人可以在无权被埋葬的地方埋葬:D. 11,7,2,2。它提及了此告示本身,并提出了与此相关的三个问题:该诉讼何时发生:D. 11,7,2,3;D. 11,7,2,4;D. 11,7,8,3;D. 11,7,2,1(*in lucum* 句);D. 11,7,5;D. 11,7,6(直到:*consentiant alii*);D. 11,7,33;D. 36,1;43(42),1;D. 11,7,6pr.(第二部分);D. 11,8,4;D. 11,7,8,2;D. 11,7,7,1。谁受这个诉讼约束以及谁能发起诉讼:D. 11,

7，2，1（第一和第三句）；D. 11，7，8，4。此诉讼的内容：D. 11，7，7pr.；D. 11，7，8pr.。遵照有关出售一个宗教场所的裁判官告示，好像它是纯洁的：D. 11，7，8，1；皇帝兄弟马库斯·奥雷留斯（Marcus Aurelius）和卢西奥·维罗（Lucio Vero）之一，禁止转移已被合法埋葬的遗体：D. 11，7，39，除非有必要，如洪水。此外，还有另一个关于禁止在无权埋葬的地方埋葬的告示，稍后将与西弗勒斯（Severus）皇帝的告示一起进行讨论。

第二部分，葬礼和丧葬诉讼。关于葬礼，必须指出三个问题，《法典》的某些谕令规定，没有人死后不应该举行葬礼，犯罪者也不例外；并且在某些情况下必须推迟埋葬，这在以下标题中被提到：D. 11，8，2，它提到了一部《十二表法》之前的王政时代的法律，该法律强调认为胎儿独立于母亲的死亡而受到保护。

在澄清了这一点之后，首先出现了由谁来负责葬礼的问题：D. 11，7，12，4；D. 11，7，14，2；D. 11，7，14，14以及应该并且可以支付哪些费用：D. 11，7，12，6；D. 11，7，12，5；D. 11，7，14pr.；D. 11，7，14，1。《十二表法》的第十表已对这一点进行干预，以规范和调节之。关于丧葬诉讼，这是由于裁判官担心假想的事实，即那些负责葬礼的人忽视了它，因此，他想通过规定一项诉讼来保护那些在没有前者的情况下承担了这一负担及相关费用的人：D. 11，7，12，2；D. 11，7，12，3。与此诉讼的条件相关的是三个问题：实际上，必须考虑操办葬礼者的意图，必须偿还因他人履行而产生的丧葬费：D. 11，7，14，7；D. 11，7，14，8；D. 11，7，14，9；D. 11，7，14，11；D. 11，7，32pr.，而且绝不能以邪恶的目的行事：D. 11，7，14，10。此外很重要的是，无法诉诸于其他诉讼：D. 11，7，14，12；D. 11，7，14，16。

其次，存在一个问题，哪些人受丧葬诉讼约束、哪些人不，以及以何顺序和在多大份额内受制于此诉讼。在这方面应阐明的问题是，根据被葬者的状况和身份，诉讼约束哪些人：D. 11，7，14，17；D. 11，7，21；D. 11，7，31pr.；D. 11，7，31，1。当被葬者是妇女时，丧葬诉讼约束谁，以及在多大程度上约束之，应区分三种情况：如果该妇女不在他人的权力之下且拥有嫁资：D. 11，7，16；D. 11，7，20pr. （从 *quid tamen* 开始）；D. 11，7，29pr.；D. 11，7，32，1；D. 11，7，17；D. 11，7，18；D. 11，7，19；D. 11，7，27，2；D. 11，7，27，1；D. 11，7，20pr. （直至 *quid tamen*）；D. 11，7，22；D. 11，7，24；D. 11，7，25；D. 11，7，26；D. 11，7，27pr.；D. 11，7，30，1；20，2。如果该妇女是拥有嫁资的家女：D. 11，7，20，1；D. 11，7，29，1；D. 11，7，30。如果该妇女没有嫁资：D. 11，7，28。如果反对葬礼的人受丧葬诉讼的约束：D. 11，7，14，13；D. 11，7，1。

最后，问题是这种诉讼会持续多久以及是否允许继承人和允许针对继承人发起：D. 11，7，31，2。此诉讼中包含的问题：D. 11，7，14，6；D. 11，7，14，3；D. 11，

7,46,1；D. 11,7,14,4：D. 11,7,14,5；D. 11,7,37pr.；D. 11,7,37,1。

第三部分，如前所述，所有人都应当具有举行葬礼的权利，该原则可能需要特殊保护：D. 11,7,38；D. 47,12,3,4。而且有一则裁判官告示准予那些被禁止将死者运送到他有权埋葬处的人以禁令和诉讼：D. 11,7,8,5；D. 11,7,10；D. 47,12,5；D. 11,7,12pr.。在此诉讼中都包含什么以及是否允许继承人和允许针对继承人发起。

8. 标题八"关于尸体的埋葬和坟墓的建造"是上一标题的延续。在最后一部分中，将基于以下事实的描述来论述诉讼：当某人阻止将死者埋葬在他有权利之处时，可以发起诉讼；在这个标题中，相关的禁令是适当的，并且，就情况的联系而言，也涉及与保护坟墓建造权有关的禁令。

——至于第一个，这是一则禁止性的禁令：D. 11,8,1pr. 其中提到的文本；D. 11,8,1,4；D. 11,8,1,1；D. 11,7,43；D. 11,8,1.2；D. 11,8,1,3[1]。

——至于第二个：D. 11,8,1,7；D. 11,8,5pr.；D. 11,8,5,1；D. 11,8,1,5；D. 11,8,1,6；D. 11,8,3pr.；D. 11,8,3,1；D. 11,8,1,9；D. 11,8,1,8；D. 11,8,1,10。

---

[1] 这则禁令也被记载于 J. 4,15,1。

9. 拉丁语的译文是由罗马第二大学法学院的吴鹏博士（现为中国农业大学的法学讲师）完成的，由佩斯卡拉大学的研究员腊兰博士（Dr. Lara Colangelo）进行了校对。

该工作在北京完成，合作通过互联网进行。此外，吴鹏博士已经翻译了另外两卷《学说汇纂》，第3卷和第5卷，现在还在翻译另一卷：他的拉丁文翻译能力和穿透翻译文本含义的能力不断增强，这无疑值得指出和赞赏。阅读罗马法学家的著作本身就是件很复杂的事，能掌握他们发展逻辑与法律连贯性的能力和预见某种形式状况的许多可能变量的能力可以使我们从方法论的角度得到高等培养，这也有助于解决当今的法律问题并就所研究的问题提供特定的知识。

翻译工作是按照"罗马法体系下的中国法典化和法学人才培养中心"的研究计划来进行和发表的，对此研究计划做出贡献的有：罗马第一大学、中国政法大学、罗马第二大学、意大利国家科研委员会的人文与社会科学部。本译著是《学说汇纂》各卷拉丁文翻译计划的一部分，我们已经启动了这一计划，并且已出版了二十余卷。出版工作是在"罗马法体系下的中国法典化和法学人才培养中心"的支持下实现的。

本作恰逢2020年《中华人民共和国民法典》在中国颁行，我非常感激地借着本序表达祝贺。感谢所有中国法学家，感谢全体中国人民，感谢中华人民共和国的全国人大及其政府，这部法典丰富了罗马共同法的体系，并为使该体系在全人类中日益普及做出了贡献。我相信，通过对《学说汇纂》、本卷和其他已被翻译或将被翻译的各卷的阅读，将起到构建法学家之间对话桥梁的作用，这种对话将增进共同制度基础的建设。作为此种共同制度的现代法典，正如优士丁尼及其法学家们的古代法典一样，是使权利更加坚韧的营地和工具，权利保护着公民及其他人，保护着他们在制度上的优先权（正如《中华人民共和国民法典》第 1 条所指出的那样），保护着他们对共有物、公有物、私人物的尊重，而这构成我们生活的环境、我们的后代将生活的环境以及我们生活的资源，正如《中华人民共和国民法典》第 9 条所指出的那样。

罗马，2020 年 6 月 14 日
桑德罗·斯奇巴尼
罗马法荣誉教授
罗马第一大学

凡　例

一、本书采用拉丁文与中文对照形式编排，拉丁文在左，中文居右。书中的拉丁文原文来源于意大利罗马第一大学桑德罗·斯奇巴尼教授主编的 *IUSTINIANI AUGUSTI DIGESTA SEU PANDECTAE*（MILANO-DOTT. A. GIUFFRè EDITORE – 2007）一书。

二、拉丁文原文下方脚注中的"Mo. – Kr."是指"*Corpus Iuris Civilis*，*Volumen Primum*，…*Digesta*，ricognovit *Theodorus Mommsen*，Retractavit Paulus Krueger［*editio stereotypa duodecima*，1911］，rist. Hildesheim，2000"一书。

三、为了中文读者阅读及引用方便，译者将拉丁文片段用"D"、"pr."和阿拉伯数字进行了重新标示，如"D.12，1，1pr.""D.12，1，1，1"等。

四、优士丁尼《学说汇纂》的原始文献中并无标点。此书拉丁文中的标点皆为法史鸿儒蒙森所加。为了照顾中文的表达习惯，译文中的标点与拉丁文中的标点不尽对应。

五、部分片段结尾处用的是逗号、冒号或分号等不是表示句子完结的标点，甚至可能没有任何标点，乃是因为它们与下一片段关系密切，其共同构成一个完整的论述。

六、译文中"< >"里的内容,是相对于其他版本,斯奇巴尼版本所增加的字母或单词。

七、译文中"( )"里的内容,要么是对拉丁文原文固有内容的翻译,要么是为了便于读者理解,有必要放于其中的拉丁文专有名词,如"消费借贷(mutuum)"。

八、译文中"【 】"里的内容,是译者为了文义的明确或者文气的贯通而做的"添加"。

九、文中人名、地名原则上按照拉丁文音译,除非已有通常译法,不宜另起炉灶,如"乌尔比安""保罗""罗马"等。法律术语之翻译,则多从斯学先达,未敢擅自发明。

译者
2020 年 8 月 10 日

目 录
Index

I	DE INTERROGATIONIBUS IN IURE FACIENDIS ET INTERROGATORIIS ACTIONIBUS	(2)
II	DE QUIBUS REBUS AD EUNDEM IUDICEM EATUR	(30)
III	DE SERVO CORRUPTO	(32)
IV	DE FUGITIVIS	(56)
V	DE ALEATORIBUS	(64)
VI	SI MENSOR FALSUM MODUM DIXERIT	(70)
VII	DE RELIGIOSIS ET SUMPTIBUS FUNERUM ET UT FUNUS DUCERE LICEAT	(82)
VIII	DE MORTUO INFERENDO ET SEPULCHRO AEDIFICANDO	(134)

第一章	关于应当于诉讼中提出的＜正式＞盘问以及关于基于＜正式＞盘问的诉讼 ……… （ 3 ）
第二章	关于由同一法官审理的某些事项 ………… （ 31 ）
第三章	关于奴隶的腐败 ……………………………… （ 33 ）
第四章	关于逃奴 ……………………………………… （ 57 ）
第五章	关于赌徒 ……………………………………… （ 65 ）
第六章	如果土地测量员就测量结果做出虚假报告 ……………………………………………… （ 71 ）
第七章	关于宗教场所、丧葬费及如何准备葬礼 ………………………………………………… （ 83 ）
第八章	关于尸体的埋葬和坟墓的建造 …………… （135）

优士丁尼学说汇纂

第十一卷

可产生法律效果的各种行为与事实

IUSTINIANI AUGUSTI DIGESTA
SEU PANDECTAE

LIBER XI

DE VARIIS CAUSARUM FIGURIS

I

DE INTERROGATIONIBUS IN IURE FACIENDIS ET INTERROGATORIIS ACTIONIBUS

D. 11, 1, 1pr. Callistratus libro secundo edicti monitorii

Totiens heres in iure interrogandus est, qua ex parte heres sit, quotiens adversus eum actio instituitur et dubitat actor, qua ex parte is, cum quo agere velit, heres sit. est autem interrogatio tunc necessaria, cum in personam sit actio et ita, si certum petetur, ne, dum ignoret actor, qua ex parte adversarius defuncto heres exstiterit, interdum plus petendo aliquid damni sentiat.

D. 11, 1, 1, 1

Interrogatoriis autem actionibus hodie non utimur, quia nemo cogitur ante iudicium de suo iure aliquid respondere, ideoque minus frequentantur et in desuetudinem abierunt. sed tantummodo ad probationes ligatoribus sufficiunt ea, quae ab adversa parte expressa fuerint apud iudices vel in hereditatibus vel in aliis rebus, quae in causis vertuntur.

第一章
关于应当于诉讼中提出的＜正式＞盘问
以及关于基于＜正式＞盘问的诉讼

D. 11，1，1pr. 伽利斯特拉杜斯：《训诫告示》第 2 卷
当有人向继承人发起诉讼，且原告对其所起诉的人在多大份额上是继承人存疑时，继承人必须在法庭上接受盘问，＜以便知道＞其是多大部分的继承人。另外，当诉讼是对人【之诉】并因此而主张确定的金额时，＜诉中正式＞盘问是必要的，因为要不然的话，原告将不清楚被告系死者遗产哪一部分的继承人，有时他会因诉请过多而遭受损失。

D. 11，1，1，1
现在我们不再使用基于＜诉中正式＞盘问的诉讼，因为在案件审理前，没人可以被强迫来回答任何有关其权利的事；因此，这种诉讼越来越少地被使用，并已逐渐被废弃。只有陈述——这些陈述由对方在法官面前作出，或关于遗产，或关于诉讼所争议的其他主题——才足以作为诉讼当事人的证据。

I DE IUDICIIS: UBI QUISQUE AGERE VEL CONVENIRI DEBEAT

D. 11, 1, 2 Ulpianus libri vicensimo secundo ad edictum

Edictum de interrogationibus ideo praetor proposuit, quia sciebat difficile esse ei, qui heredem bonorumve possessorem convenit, probare aliquem esse heredem bonorumve possessorem,

D. 11, 1, 3 Paulus libro septimo decimo ad edictum

quia plerumque difficilis probatio aditae hereditatis est.

D. 11, 1, 4pr. Ulpianus libro vicensimo secundo ad edictum

Voluit praetor adstringere eum qui convenitur ex sua in iudicio responsione, ut vel confitendo vel mentiendo sese oneret, simul etiam portionis, pro qua quisque heres extitit, ex interrogatione certioretur.

D. 11, 1, 4, 1

Quod ait praetor: 'qui in iure interrogatus responderit' sic accipiendum est apud magistratus populi Romani vel praesides provinciarum vel alios iudices: ius enim eum solum locum esse, ubi iuris dicendi vel iudicandi gratia consistat, vel si domi vel itinere hoc agat.

D.11，1，2 乌尔比安：《告示评注》第22卷

裁判官发布了关于<诉中正式>盘问的告示，因为他知道，对于起诉继承人或遗产占有人的一方而言，证明某人是继承人或者是财产占有人是很困难的，

D.11，1，3 保罗：《告示评注》第17卷

原因在于，多数情况下证明接受遗产是困难的。

D.11，1，4pr. 乌尔比安：《告示评注》第22卷

裁判官希望约束那些因其自己在法庭上<对正式盘问>的回答而被起诉的人，这样一来，如果他作出了自认或者虚假陈述，他将承担其回答的后果，同时，借助这一盘问，可以明确某个继承人有权获得遗产的多大份额。

D.11，1，4，1

裁判官的陈述"那些因为在法庭上被盘问而作出回答的人"必须被这样理解：在罗马人民的执法官的面前，或者在行省长官的面前，或者在任何其他法官的面前：法（ius）一词<在权利被行使地点的意义上>，仅仅意味着起诉的地点，或法官行使管辖权或作出判决时正巧所处的地点，无论他是在家里还是在旅途中。

D. 11, 1, 5 Gaius libro tertio ad edictum provinciale

Qui interrogatur, an heres vel quota ex parte sit vel an in potestate habeat eum, cuius nomine noxali iudicio agitur, ad deliberandum tempus impetrare debet, quia, si perperam confessus fuerit, incommodo adficitur:

D. 11, 1, 6pr. Ulpianus libro vicensimo secundo ad edictum

et quia hoc defunctorum interest, ut habeant successores, interest et viventium, ne praecipitentur, quamdiu iuste deliberant.

D. 11, 1, 6, 1

Interdum interrogatus quis, an heres sit, non cogitur respondere, ut puta si controversiam hereditatis ab alio patiatur: et ita divus Hadrianus constituit, ne aut negando se heredem praeiudicet sibi aut dicendo heredem illigetur etiam ablata sibi hereditate

D. 11, 1, 7 Idem libro octavo decimo ad edictum

Si quis in iure interrogatus, an quadrupes quae pauperiem fecit eius sit, responderit, tenetur.

D. 11, 1, 8 Paulus libro vicensimo secundo ad edictum

Si quis interrogatus de servo qui damnum dedit, respondit suum esse servum, tenebitur lege Aquilia quasi dominus et, si cum eo actum sit qui respondit, dominus ea actione liberatur

第一章 关于应当于诉讼中提出的＜正式＞盘问 以及关于基于＜正式＞盘问的诉讼

D. 11，1，5 盖尤斯：《行省告示评注》第 3 卷

当某人＜在诉中＞被盘问——询问他是不是继承人，或他是遗产哪一部分的继承人，或者在他控制之下是否有引起损害投偿之诉的人——他应当获得考虑＜答复＞的时间，因为他若作出错误的供述，将遭受损失：

D. 11，1，6pr. 乌尔比安：《告示评注》第 22 卷

正如死者有权拥有继承人一样，活着的人也有权不受损失，只要他们是以正当的方式在思考＜将达成的＞决定。

D. 11，1，6，1

有时，＜在诉中＞被盘问是否是继承人的人，不被强迫回答；一如【当遗产处于争议之中，而】他被第三人发起继承之诉时那样；这是神君哈德良在谕令中规定的，因为不然的话，若他否认自己是继承人，无疑会危害自己；或者，若他宣称自己是继承人，则将因其被剥夺的遗产而受约束。

D. 11，1，7 乌尔比安：《告示评注》第 18 卷

若某人在法庭上被盘问一头造成损害的四足动物是否系他所有，而他回答了＜是＞，则他将有责。

D. 11，1，8 保罗：《告示评注》第 22 卷

若某人因奴隶造成的损害＜于诉中＞被盘问，而他回答了这个奴隶是他的，则依据《阿奎利亚法》他作为主人将有责；如果诉讼是针对回答＜正式盘问＞者提起的，那么＜真正的＞主人将被免除该诉讼中的责任。

D. 11, 1, 9pr. Ulpianus libro vicensimo secundo ad edictum

Si sine interrogatione quis responderit se heredem, pro interrogato habetur.

D. 11, 1, 9, 1

Interrogatum non solum a praetore accipere debemus, sed et ab adversario.

D. 11, 1, 9, 2

Sed si servus interrogetur, nulla erit interrogatio, non magis quam si servus interroget.

D. 11, 1, 9, 3

Alius pro alio non debet respondere cogi, an heres sit: de se enim debet quis in iudicio interrogari, hoc est cum ipse convenitur.

D. 11, 1, 9, 4

Celsus libro quinto digestorum scribit: si defensor in iudicio interrogatus, an is quem defendit heres vel quota ex parte sit, falso responderit, ipse quidem defensor adversario tenebitur, ipsi autem quem defendit nullum facit praeiudicium. veram itaque esse Celsi sententiam dubium non est. an ergo non videatur defendere, si non responderit, videndum: quod utique consequens erit dicere, quia non plene defendit.

D. 11，1，9pr. 乌尔比安：《告示评注》第22卷

当某人在没有被＜正式＞盘问的情况下回答说他是继承人，则视同他已经被＜书面＞盘问了。

D. 11，1，9，1

我们必须理解"＜在诉中＞被＜正式＞盘问"一语不光指被裁判官盘问，也指被对方盘问。

D. 11，1，9，2

然而，如果一个奴隶＜在诉中＞被盘问，则这不是＜正式＞盘问，正如一个奴隶不应该提出盘问那样。

D. 11，1，9，3

一个人不应该被强迫来替他人回答【后者】是不是继承人的问题：因为每一个人在法庭上被盘问的应当是他自己的情况，这里说的是，当诉讼是针对他＜即应当回答者＞而提起的时候。

D. 11，1，9，4

杰尔苏在《学说汇纂》第5卷中写道：当辩护人在法庭上被盘问他所辩护的人是不是继承人或者是遗产哪一部分的继承人，而他回答假话，那么他将自己向对方当事人承担责任，而他所辩护的那人将不会受到损害。毫无疑问，杰尔苏的这一观点是正确的。因此，如果他不回答，该不该认为他是在辩护这个案件？妥当的说法是，不应该，因为他并不是在完全地辩护案件。

D. 11, 1, 9, 5

Qui interrogatus heredem se responderit nec adiecerit ex qua parte, ex asse respondisse dicendum est, nisi forte ita interrogetur, an ex dimidia parte heres sit, et responderit 'heres sum': hic enim magis eum puto ad interrogatum respondisse

D. 11, 1, 9, 6

Illud quaeritur, an quis cogatur respondere, utrum ex testamento heres sit, et utrum suo nomine ei quaesita sit hereditas an per eos quos suo iuri subiectos habet vel per eum cui heres extitit. summatim igitur praetor cognoscere debebit, cum quaeratur, an quis respondere debeat, quo iure heres sit, ut, si valde interesse compererit, plenius responderi iubeat. quae optinere debent non solum in heredibus, sed etiam in honorariis successoribus.

D. 11, 1, 9, 7

Denique Iulianus scribit eum quoque, cui est hereditas restituta, debere in iure interrogatum respondere, an ei hereditas sit restituta.

D. 11, 1, 9, 8

Si de peculio agatur, non oportere responderi a patre vel domino, an in potestate habeat filium vel servum, quia hoc solum quaeritur, an peculium apud eum cum quo agitur est

第一章 关于应当于诉讼中提出的<正式>盘问
以及关于基于<正式>盘问的诉讼

D. 11, 1, 9, 5

当一个被盘问的人回答说他是继承人,但是没有说明是遗产哪一部分的继承人,则必须认为他回答的是所有遗产<的继承人>,除非他正好被问是不是一半遗产的继承人,而他回答道"我是继承人":因为在这种情况下,我宁愿认为他<在限定范围内具体地>回答了对他提出的盘问。

D. 11, 1, 9, 6

有人问道,一个人是不是能够被强迫回答他是不是遗嘱继承人,或者【回答】遗产是以他自己的名义取得还是通过他权力下的其他人取得,还是通过一些以他为继承人的人取得?因此,裁判官在提出这一问题时应当大概知晓,当事人是否应当宣告他凭什么是继承人,这样一来,若裁判官已确定这是重要事项,他可以命令当事人回答得更完整一些。这些回答不仅应当在涉及继承人时被获得,也应当在涉及裁判官法上的继任者时被获得。

D. 11, 1, 9, 7

最终尤利安写道,任何已经<依据遗产信托>被交付遗产的人,若在法庭上被盘问,都应当回答遗产是否已<经遗产信托>被交付与他。

D. 11, 1, 9, 8

如果被人发起了特有产之诉,家父与主人都不必回答关于其权力之下是否有家子或奴隶<的诉中正式盘问>,因为人们打探的只是这一点:即特有产是否受被告支配。

D. 11, 1, 10 Paulus libro quadragensimo octavo ad edictum

Non alienum est eum, a quo damni infecti stipulari velimus, interrogare in iure, an aedes eius vel locus sit, ex quo damnum timeatur, et pro qua parte, ut, si neget suum praedium esse nec caveat damni infecti, aut cedere aut, resistendum putaverit, quasi dolo versatus tradere compellatur.

D. 11, 1, 11pr. Ulpianus libro vicensimo secundo ad edictum

De aetate quoque interdum interrogatus respondere debebit.

D. 11, 1, 11, 1

Si quis, cum heres non esset, interrogatus responderit ex parte heredem esse, sic convenietur, atque si ex ea parte heres esset: fides enim ei contra se habebitur.

D. 11, 1, 11, 2

Qui ex quadrante heres vel omnino cum heres non esset responderit se heredem ex asse, in assem instituta actione convenietur.

D. 11，1，10 保罗：《告示评注》第 48 卷

并不奇怪的是，当我们希望与某人缔结要式口约来约定对潜在损害的担保时，他会在庭上被盘问房子或潜在损害<可能发生>之处是不是他的，以及他拥有其中的多大部分；这样，如果他否认土地是他的，或拒绝为潜在损害给出要式口约，则他要么必须交出<此建筑>，要么——如果他认为应当抵抗，就像他的行为是欺诈时那样——必须将它转让。

D. 11，1，11pr. 乌尔比安：《告示评注》第 22 卷

有时，<在法庭上>被盘问的当事人必须回答他的年龄。

D. 11，1，11，1

当一个不是继承人的人<在诉讼中>受到了盘问，他回答说他是一部分遗产继承人，则他可以被起诉，就像他是遗产一部分的继承人时那样；因为他<所说的>将会因为不利于自己而被信任。

D. 11，1，11，2

当一方当事人是 1/4 遗产的继承人或者根本不是继承人，而他回答说他是整个遗产的继承人，则他可以被起诉【索要】整个遗产。

D. 11, 1, 11, 3

Si, cum esset quis ex semisse heres, dixerit se ex quadrante, mendacii hanc poenam feret, quod in solidum convenitur: non enim debuit mentiri, dum se minoris portionis heredem adseverat. interdum tamen iusta ratione potest opinari esse heredem ex minore parte: quid enim, si nescit sibi partem adcrevisse vel ex incerta parte fuit institutus? cur ei responsum noceat?

D. 11, 1, 11, 4

Qui tacuit quoque apud praetorem, in ea causa est, ut instituta actione in solidum conveniatur, quasi negaverit se heredem esse. nam qui omnino non respondit, contumax est: contumaciae autem poenam hanc ferre debet, ut in solidum conveniatur, quemadmodum si negasset, quia praetorem contemnere videtur.

D. 11, 1, 11, 5

Quod autem ait praetor ' omnino non respondisse', posteriores sic exceperunt, ut omnino non respondisse videatur, qui ad interrogatum non respondit, id est *prÖj Öpoj*

D. 11, 1, 11, 6

Si interrogatus quis, an ex asse heres esset, responderit ex parte, si ex dimidia esset, nihil ei nocere responsum: quae sententia humana est

第一章 关于应当于诉讼中提出的＜正式＞盘问以及关于基于＜正式＞盘问的诉讼

D. 11, 1, 11, 3

当某人是一半遗产的继承人，而他自称是 1/4 遗产的继承人时，他将因自己的虚假陈述而受到以下惩罚，即他可以被起诉【索要】整个遗产。因为他不应该撒谎声称自己是更小份额的继承人。然而有时候，他可以合理地认为他是更小份额的继承人：比如，如果他不知道自己已经取得了上述遗产的一部分，或者他已经被指定为不确定部分的继承人，会怎么样？他的回答怎么会使他受到损害呢？

D. 11, 1, 11, 4

不仅如此，当一个人在裁判官面前保持沉默，那他就处于这样的位置，即如果有人起诉他的话，他可以被起诉【索要】整个数额，就像他否认了他是继承人那样。因为当一个人完全不回答时，他就是在抗法。他必须因为抗法而受到以下惩罚，即他可以被起诉【索要】整个数额，就像他否认了【自己是一个继承人】那样，因为他被认为犯下了藐视裁判官的罪行。

D. 11, 1, 11, 5

当裁判官说"一个人根本不回答"时，之后的＜法学家＞权威将这句话理解为是，他没有明确地、逐字地（pròs épos【充分地回答】）回答向他提出的＜诉中正式＞盘问。

D. 11, 1, 11, 6

当某人被盘问他是不是全部遗产的继承人，而他回答说自己是一部分＜遗产＞的继承人，那么如果他是一半遗产的继承人，他的回答将不会对自己不利：这观点更宽和。

D. 11, 1, 11, 7

Nihil interest, neget quis an taceat interrogatus an obscure respondeat, ut incertum dimittat interrogatorem.

D. 11, 1, 11, 8

Ex causa succurri ei, qui interrogatus respondit, non dubitamus: nam et si quis interrogatus, an patri heres esset, responderit, mox prolato testamento inventus sit exheredatus, aequissimum est succurri ei: et ita Celsus scribit, hic quidem et alia ratione, quod ea quae postea emergunt auxilio indigent: quid enim si occultae tabulae et remotae postea prolatae sunt? cur noceat ei, qui id responderit, quod in praesentiarum videbatur? idem dico et si qui heredem se responderit, mox falsum vel inofficiosum vel irritum testamentum fuerit pronuntiatum: non enim improbe respondit, sed scriptura ductus.

D. 11, 1, 11, 9

Qui interrogatus responderit, sic tenetur quasi ex contractu obligatus pro quo pulsabitur, dum ab adversario interrogatur: sed et si a praetore fuerit interrogatus, nihil facit praetoris auctoritas, sed ipsius responsum sive mendacium

D. 11, 1, 11, 7

当一方当事人被盘问时，无论他是否定还是保持沉默，亦或模棱两可地回答，都没有区别，因为其都让盘问者处于不确定的状态。

D. 11, 1, 11, 8

在这种情况下我们不怀疑：应该帮助一个＜在诉讼中＞被盘问后回答的人。事实上，即使某人在被盘问他是不是其父亲的继承人，并回答说他是的，而在那之后，遗嘱被给出，并由此发现他被剥夺继承权，此时帮助他也是完全正当的，杰尔苏这样写也正是因为这个原因，然而还有另一原因，即那些后续被用来帮助＜那些在法庭上被盘问后予以回答的人＞的事项：如果＜遗嘱的＞表被隐藏或遗忘，然后才＜在法庭上＞被给出，怎么办？为什么这会损害给出当时似乎是正确回答的一方？我认为，当一方回答说他是继承人，而遗嘱随后被宣告为伪造、不合义务或无效时，该规则同样适用：因为他没有不诚信地回答，而只是被文书所欺。

D. 11, 1, 11, 9

＜在诉讼中正式＞被盘问的人在回答时应承担责任，就好像他受到合同的约束一样，根据合同，他将被＜通过基于正式盘问的诉讼＞叫来法庭，即使他在＜在法庭上＞被对手盘问；但是，即使他受到了裁判官的盘问，裁判官＜本身＞的权威与案件无关，＜涉及的＞仅仅是当事人自己的回答或他可能会说的任何虚假内容。

D. 11, 1, 11, 10

Qui iusto errore ductus negaverit se heredem, venia dignus est

D. 11, 1, 11, 11

Sed et si quis sine dolo malo, culpa tamen responderit, dicendum erit absolvi eum debere, nisi culpa dolo proxima sit.

D. 11, 1, 11, 12

Celsus scribit licere responsi paenitere, si nulla captio ex eius paenitentia sit actoris: quod verissimum mihi videtur, maxime si quis postea plenius instructus quid faciat, instrumentis vel epistulis amicorum iuris sui edoctus.

D. 11, 1, 12pr. Paulus libro septimo decimo ad edictum

Si filius, qui abstinuit se paterna hereditate, in iure interrogatus responderit se heredem esse, tenebitur: nam ita respondendo pro herede gessisse videtur. sin autem filius, qui se abstinuit, interrogatus tacuerit, succurrendum est ei: quia hunc qui abstinuit praetor non habet heredis loco.

D. 11, 1, 12, 1

Exceptionibus, quae institutis in iudicio contra reos actionibus opponuntur, etiam is uti potest, qui ex sua responsione convenitur, veluti pacti conventi, rei iudicatae et ceteris.

D. 11，1，11，10

任何人因合理的错误而否认自己是继承人的，值得宽纵。

D. 11，1，11，11

但是，当事一方没有恶意而是因疏忽地回答＜宣称其是继承人＞时；除非过失与恶意十分接近，否则必须裁定免除责任。

D. 11，1，11，12

杰尔苏声明，如果一方没有因此而对原告造成不利影响，则他可以撤回其＜对诉中正式盘问的＞答复；在我看来，在他获得更多信息、通过文件或朋友来信更清楚地了解其权利之后而这样做【即撤回答复】时，这尤其正确。

D. 11，1，12pr. 保罗：《告示评注》第 17 卷

如果儿子拒绝＜接受＞父亲的遗产，在法庭上受到盘问并回答他是继承人，他将承担责任；因为，通过这种方式的回答，他被视为继承人。但是，如果一个拒绝遗产的儿子受到盘问并保持沉默，则应当给他帮助；因为裁判官不会将拒绝遗产的人视为继承人。

D. 11，1，12，1

在法庭上针对被告提起的诉讼中可以使用的抗辩事由，也可以由因其＜对正式盘问的＞回答而被起诉的一方使用；例如，简约抗辩或既判力抗辩等。

D. 11, 1, 13pr. Idem libro secundo ad Plautium

Confessionibus falsis respondentes ita obligantur, si eius nomine, de quo quis interrogatus sit, cum aliquo sit actio, quia quae cum alio actio esset, si dominus esset, is nosmet confessione nostra conferimus. et si eum, qui in potestate patris esset, respondissem filium meum esse, ita me obligari, si aetas eius pateretur, ut filius meus esse possit, quia falsae confessiones naturalibus convenire deberent. propter quae fiat, ut patris familias nomine respondendo non obliger.

D. 11, 1, 13, 1

Eum, qui patrem familias suum esse responderit servum, non teneri noxali actione: ac ne, si bona fide liber homo mihi serviat, mecum noxali iudicio agi potest et, si actum fuerit, manebit integra actio cum ipso qui admisit.

D. 11, 1, 14pr. Iavolenus libro nono ex Cassio

Si is, cuius nomine noxae iudicium acceptum est, manente iudicio liber iudicatus est, reus absolvi debet, nec quicquam interrogatio in iure facta proderit, quia eius personae, cuius nomine quis cum alio actionem habet, obligationem transferre potest in eum, qui in iure suum esse confitetur, velut alienum servum suum esse confitendo: liberi autem hominis nomine quia cum alio actio non est, ne per interrogationem quidem aut confessionem transferri poterit. quo casu eveniet, ut non recte hominis liberi nomine actum sit cum eo qui confessus est.

D. 11，1，13pr. 保罗：《普劳提评注》第 2 卷

在回答＜诉讼中的正式盘问＞时作出虚假供认的人有责任，如果名义上被盘问的是某人＜奴隶＞，而诉讼＜实际上＞是针对另一个人的；因为如果对方是主人，可以向另一方提起诉讼，那么我们将因供认而承担责任。因此，在某人受父亲控制的情况下，我回答说他是我的儿子，只有在他的年龄看起来可以成为我的儿子的情况下，我才承担责任。因为虚假的供认必须与自然相符；因此，如果我代表父亲作出＜肯定的＞回答＜而年龄不对＞，我将不承担任何责任。

D. 11，1，13，1

凡任何人回答家父为其奴隶的，他将不承担任何损害投偿之诉的责任；即使一个自由人善意地作为奴隶为我服务，我也不能被提起损害投偿之诉。如果这样做，对＜非法行为＞实施者的诉权将不受损害。

D. 11，1，14pr. 雅沃伦：《卡修斯评注》第 9 卷

当导致损害投偿之诉的个人在审判过程中被裁判为自由人时，法庭应释放被告；盘问在法庭上进行，不会有任何用处，因为当某人有权因第三方【即奴隶】的缘故而对另一人提起诉讼，则他可以将该【第三】方的责任转移给在法庭上承认＜奴隶＞是他的的人。就像，比如他承认他人的奴隶是他自己的；相反，由于【一个人】不能因【另一】自由人的原因而对他人提起诉讼，因此不能通过任何盘问或供认转移＜责任＞。在这种情况下，其结果是无法因自由人的缘故而对已经供认的人妥当地发起任何诉讼。

D. 11, 1, 14, 1

In totum autem confessiones ita ratae sunt, si id, quod in confessionem venit, et ius et naturam recipere potest.

D. 11, 1, 15pr. Pomponius libro octavo decimo ad Sabinum

Si ante aditam hereditatem servum hereditarium meum esse respondeam, teneor, quia domini loco habetur hereditas.

D. 11, 1, 15, 1

Mortuo servo, quem in iure interrogatus suum esse confessus sit, non tenetur is qui respondit, quemadmodum, si proprius eius fuisset, post mortem eius non teneretur.

D. 11, 1, 16pr. Ulpianus libro trigensimo septimo ad edictum

Si servus ab hostibus captus sit, de quo quis in iure interrogatus responderit in sua potestate esse, quamvis iura postliminiorum possint efficere dubitare nos, attamen non puto locum esse noxali actioni, quia non est in nostra potestate.

D. 11, 1, 16, 1

Quamquam autem placet etiam eum teneri, qui alienum servum suum fassus esset, attamen rectissime placuit eum demum teneri, qui suum potuit habere, ceterum, si dominium quaerere non potuit, non teneri.

D. 11，1，14，1

只有在供词中所包括的内容符合法律和自然的情况下，供词才会完全得到确认。

D. 11，1，15pr. 彭波尼：《萨宾评注》第 18 卷

如果在接受遗产之前，＜在法庭上正式盘问中＞我回答说遗产中的奴隶是我的，我将承担后果，因为遗产被认为等同于＜它的＞所有者。

D. 11，1，15，1

凡在法庭上被盘问的一方供认一个奴隶是他的，然后该奴隶死亡，则回答的一方不承担责任；就像所述奴隶曾经属于他，奴隶死后他将不承担责任那样。

D. 11，1，16pr. 乌尔比安：《告示评注》第 37 卷

当敌人将奴隶带走，而有人在法庭上受到盘问时回答奴隶是在他的控制之下＜即有权力和能力展示之＞；尽管复境权（*postliminium*）可能使我们犹豫不决，但是我认为没有发起损害投偿之诉的依据，因为奴隶＜在上述意义上＞不受我们的控制。

D. 11，1，16，1

尽管人们认为，承认另一个奴隶是自己的人要承担责任。同样，认为只有当奴隶本来可以属于他自己时才承担责任，而如果他不可能获得【对该奴隶的】所有权就不承担责任，这也是很恰当的。

D. 11, 1, 17 Idem libro trigensimo octavo ad edictum

Si servus non sit unius, sed plurium et omnes mentiti sunt eum in sua potestate non esse vel quidam ex illis, aut dolo fecerunt quo minus sit in potestate, unusquisque illorum tenebitur in solidum, quemadmodum tenerentur, si haberent in potestate: is vero, qui nihil dolo fecerit quo minus in potestate haberet vel non negavit, non tenebitur.

D. 11, 1, 18 Iulianus libro quarto ad Urseium Ferocem

Qui ex parte dimidia heres erat, cum absentem coheredem suum defendere vellet, ut satisdationis onus evitare possit, respondit se solum heredem esse et condemnatus est: quaerebat actor, cum ipse solvendo non esset, an rescisso superiore iudicio in eum, qui re vera heres erat, actio dari deberet. Proculus respondit rescisso iudicio posse agi, idque est verum.

D. 11, 1, 19 Papinianus libro octavo quaestionum

Si filius, cum pro patre suo ageret, taceat interrogatus, omnia perinde observanda erunt, ac si non esset interrogatus.

D. 11，1，17 乌尔比安：《告示评注》第 38 卷

如果奴隶不属于一个人，而是属于几个人，并且所有人都错误地声明奴隶不在他们的权力之下，或者只有其中一些人 < 这样做了 >，或者为避免控制他而作出了欺诈性的行为，则他们每个人都将承担全部损害赔偿责任，就像他们控制了所述奴隶时将承担责任一样；但是当一方没有为避免控制奴隶而作出欺诈行为，或没有作出虚假陈述的，将不承担责任。

D. 11，1，18 尤里安：《乌尔赛·费罗克斯评注》第 4 卷

当某人是一半遗产的继承人，他希望捍卫他不在场的共同继承人，并且为了避免提供担保的负担，回答说他是唯一的继承人，后判决对他不利的；原告询问，由于该方资不抵债，是否可以撤销先前的判决，准予他起诉真正的继承人。普罗库鲁斯回答说可以撤销该判决并提起诉讼，这是正确的。

D. 11，1，19 帕比尼安：《问题集》第 8 卷

当一个代表父亲出现的 < 父权下的 > 儿子在 < 法庭上 > 被 < 正式 > 盘问时保持沉默，一切必须像他没有被盘问那样被遵循。

D. 11, 1, 20pr. Paulus libro secundo quaestionum

Qui servum alienum responderit suum esse, si noxali iudicio conventus sit, dominum liberat: aliter atque si quis confessus sit se occidisse servum quem alius occidit, vel si quis responderit se heredem: nam his casibus non liberatur qui fecit vel qui heres est. nec haec inter se contraria sunt: nam superiore casu ex persona servi duo tenentur, sicut in servo communi dicimus, ubi altero convento alter quoque liberatur: at is qui confitetur se occidisse vel vulnerasse suo nomine tenetur, nec debet impunitum esse delictum eius qui fecit propter eum qui respondit: nisi quasi defensor eius qui admisit vel heredis litem subiit hoc genere: tunc enim in factum exceptione data summovendus est actor, quia ille negotiorum gestorum vel mandati actione recepturus est quod praestitit: idem est in eo, qui mandatu heredis heredem se esse respondit vel cum eum alias defendere vellet.

D. 11, 1, 20, 1

In iure interrogatus, an fundum possideat, quaero an respondere cogendus sit et quota ex parte fundum possideat. respondi: Iavolenus scribit possessorem fundi cogi debere respondere, quota ex parte fundum possideat, ut si minore ex parte possidere se dicat, in aliam partem, quae non defenderetur, in possessionem actor mittatur.

D. 11, 1, 20pr. 保罗：《问题集》第 2 卷

当一方＜在诉中被正式盘问时＞回答说他人的奴隶是他的奴隶，如果他被人提起损害投偿之诉，则＜真正的＞主人将被免除责任。但是，当有人承认自己杀死了他人所杀的奴隶，或者有人回答说自己是继承人时，情况就不一样了：因为在这种情况下，实施行为的人或＜实际＞继承人不被解除责任。这些假设并不是对立的。因为，在第一种情况下，两个人都因奴隶的人格而承担责任，正如我们说的那样，如果一个奴隶是共同拥有的，那么若一方被起诉，则另一方被解除责任；但是供认自己杀害或伤害他人的一方应以自己的名义承担责任，犯罪者不应因为答辩者的缘故而逍遥法外，除非供认的一方是作为犯罪者或继承人的辩护人而出庭；原告诉请将会由于之后一项抗辩理由被许可，从而被阻却，因为他可能通过管理他人事务之诉或委托之诉而追偿他所付出的款项。如果一方在继承人本人的指示下声明他是继承人，或者他出于任何别的原因希望为之辩护的，则适用同一规则。

D. 11, 1, 20, 1

凡有人在法庭上被问及是否占有某块土地，我问：他是否可以被强迫回答他占有上述土地中的多少？我回答：雅沃伦说，土地的占有人有义务就他所占有的上述土地的数量作出答复；因此，如果他声称自己拥有小＜于整块＞的部分，则原告应当【被判】占有其余那些未经辩护的部分。

D. 11, 1, 20, 2

Idem et si damni infecti caveamus: nam et hic respondere debet, quota ex parte eius sit praedium, ut ad eam partem stipulationem accomodemus: poena autem non repromittentis haec est, ut in possessionem eamus, et ideo eo pertinet scire an possideat.

D. 11, 1, 21 Ulpianus libro vicensimo secundo ad edictum

Ubicumque iudicem aequitas moverit, aeque oportere fieri interrogationem dubium non est.

D. 11, 1, 22 Scaevola libro quarto digestorum

Procuratore Caesaris ob debitum fiscale interrogante unus ex filiis, qui nec bonorum possessionem acceperat nec heres erat, respondit se heredem esse: an quasi interrogatoria creditoribus ceteris teneatur? respondit ab his, qui in iure non interrogassent, ex responso suo conveniri non posse

D. 11，1，20，2

当我们为防止潜在伤害而给出要式口约担保时，也适用同一规则。因为，在这种情况下，当事方也应回答属于他的是哪部分土地，这样他可以就该部分安排要式口约；在这种情况下，当事方不答应＜对潜在伤害的要式口约＞的话，对其的惩罚就是：我们将占有财产。因此，知道该方是否占有该处所十分重要。

D. 11，1，21 乌尔比安：《告示评注》第 22 卷

无论正义感如何影响法官，毫无疑问，为了追求正义，应当进行＜诉中正式＞盘问。

D. 11，1，22 谢沃拉：《学说汇纂》第 4 卷

当帝国诉讼代理人为了审查国库债务而＜以诉中正式＞盘问了死者儿子之一，此人未占有遗产且不是继承人，而他回答说自己是继承人；有人问，他是否因为回答了的盘问而对其他债权人承担责任？答复是，没有在法庭上盘问此当事人的人，不能以其回答为由对其提起诉讼。

II
DE QUIBUS REBUS AD EUNDEM IUDICEM EATUR

D. 11, 2, 1 Pompeius libro tertio decimo ad Sabinum

Si inter plures familiae erciscundae agetur et inter eosdem communi dividundo aut finium regundorum, eundem iudicem sumendum: praeterea, quo facilius coire coheredes vel socii possunt, in eundem locum omnium praesentiam fieri oportet.

D. 11, 2, 2 Papinianus libro secundo quaestionum

Cum ex pluribus tutoribus unus, quod ceteri non sint idonei, convenitur, postulante eo omnes ad eundem iudicem mittuntur: et hoc rescriptis principum continetur.

第二章
关于由同一法官审理的某些事项

D. 11, 2, 1 庞培乌斯:《萨宾评注》第 13 卷

如果在多人之间提起了遗产分割诉讼和共同财产分割诉讼或调整边界诉讼,则应选择同一位法官;此外,为使共同继承人或共有权人可以更容易地集合在一起,他们都应该在同一个地方出现。

D. 11, 2, 2 帕比尼安:《问题集》第 2 卷

如果几个监护人中只有一个因为其他监护人没有偿付能力而被判有责,而这个监护人要求这样做,则可以将他们全部带到同一位法官面前。这在君主批复(rescripta principum)中有阐述。

III
DE SERVO CORRUPTO

D. 11, 3, 1pr. Ulpianus libro vicensimo tertio ad edictum

Ait praetor: 'Qui servum servam alienum alienam recepisse persuasisseve quid ei dicetur dolo malo, quo eum eam deteriorem faceret, in eum quanti ea res erit in duplum iudicium dabo.'

D. 11, 3, 1, 1

Qui bona fide servum emit, hoc edicto non tenebitur, quia nec ipse poterit servi corrupti agere, quia nihil eius interest servum non corrumpi: et sane, si quis hoc admiserit, eveniet, ut duobus actio servi corrupti competat, quod est absurdum. sed nec eum, cui bona fide homo liber servit, hanc actionem posse exercere opinamur.

第三章
关于奴隶的腐败

D. 11, 3, 1pr. 乌尔比安：《告示评注》第 23 卷

裁判官说："凡有人被指控恶意窝藏他人的男性或女性奴隶，或恶意说服他或她做任何会贬低他或她的价值的事情，我将准予对此人提起财产价值两倍的起诉。"

D. 11, 3, 1, 1

以善意购买＜不属于卖家的＞奴隶的人，在本告示下不承担任何责任，因为他既不能为奴隶的腐败提起诉讼，且于奴隶的不腐败没有任何利益。毫无疑问，如果有任何人承认这是对的，那么结果将是对奴隶腐败的诉讼有利于两方，这是荒谬的。我们认为，被自由人善意地充当其奴隶的一方也不能提起这一诉讼。

D. 11, 3, 1, 2

Quod autem praetor ait 'recepisse', ita accipimus, si susceperit servum alienum ad se: et est proprie recipere refugium abscondendi causa servo praestare vel in suo agro, vel in alieno loco aedificiove.

D. 11, 3, 1, 3

Persuadere autem est plus quam compelli atque cogi sibi parere. sed persuadere *twn meswn estin*, nam et bonum consilium quis dando potest suadere et malum: et ideo praetor adiecit 'dolo malo, quo eum deteriorem faceret': neque enim delinquit, nisi qui tale aliquid servo persuadet, ex quo eum faciat deteriorem. qui igitur servum sollicitat ad aliquid vel faciendum vel cogitandum improbe, hic videtur hoc edicto notari.

D. 11, 3, 1, 4

Sed utrum ita demum tenetur, si bonae frugi servum perpulit ad delinquendum, an vero et si malum hortatus est vel malo monstravit, quemadmodum faceret? et est verius etiam si malo monstravit, in quem modum delinqueret, teneri eum. immo et si erat servus omnimodo fugiturus vel furtum facturus, hic vero laudator huius propositi extitit, tenetur: non enim oportet laudando augeri malitiam. sive ergo bonum servum fecerit malum sive malum fecerit deteriorem, corrupisse videbitur.

D. 11, 3, 1, 2

当裁判官说"窝藏"时，我们理解这是指<某人>在自己的权力下取得了他人的奴隶。正确地说，这意味着在他自己的处所或在他人的地方或建筑物中为了窝藏奴隶而提供庇护。

D. 11, 3, 1, 3

"说服"并不完全意味着强迫他人服从你。但这是一个中间意义的术语，因为任何人都可以通过给出好或坏的建议说服他人。因此，裁判官加上"恶意地<做>某事以降低其价值"。如果一方没有说服奴隶做某事以使其价值贬损，则该方不会犯罪；如果一方教唆奴隶做某事或谋划不光彩的事情，他就应受该告示的约束。

D. 11, 3, 1, 4

但是，一个人是仅在驱使一个习惯良好的奴隶犯罪时有责，还是在煽动一个坏奴隶或向其展示如何做<坏事>时，也负赔偿责任？更好的观点是，即使他向坏奴隶展示了如何实施该罪行，他也将承担责任。而且，实际上，如果奴隶已经打算逃跑或盗窃，则夸奖这一设想的人将承担责任。因为不应以称赞来增加恶意。因此，无论是使一个好奴隶变坏还是使一个坏奴隶变更坏的行为，都会被认为是腐蚀奴隶。

D. 11, 3, 1, 5

Is quoque deteriorem facit, qui servo persuadet, ut iniuriam faceret vel furtum vel fugeret vel alienum servum ut sollicitaret vel ut peculium intricaret, aut amator existeret vel erro, vel malis artibus esset deditus vel in spectaculis nimius vel seditiosus: vel si actori suasit verbis sive pretio, ut rationes dominicas intercideret adulteraret vel etiam ut rationem sibi commissam turbaret:

D. 11, 3, 2 Paulus libro nono decimo ad edictum

vel luxuriosum vel contumacem fecit: quive ut stuprum pateretur persuadet.

D. 11, 3, 3pr. Ulpianus libro vicensimo tertio ad edictum

Dolo malo adiecto calliditatem notat praetor eius qui persuadet: ceterum si quis sine dolo deteriorem fecerit, non notatur, et si lusus gratia fecit, non tenetur.

D. 11, 3, 3, 1

Unde quaeritur, si quis servo alieno suaserit in tectum ascendere vel in puteum descendere et ille parens ascenderit vel descenderit et ceciderit crusque vel quid aliud fregerit vel perierit, an teneatur: et si quidem sine dolo malo fecerit, non tenetur, si dolo malo, tenebitur.

第三章　关于奴隶的腐败

D. 11，3，1，5

使奴隶变得更糟的也是做以下动作的人：说服奴隶犯下伤害或盗窃，或诱使他逃跑，或挑唆他人的奴隶去做这些事情，或使之＜在管理中＞混淆特有产（peculium），或使之成为女子的情夫，或使之四处闲逛，或使之致力于魔术把式，或使之太过经常地出现在展览中，或使之不受管束，或以言语或贿赂方式说服＜奴隶＞代理人毁坏或篡改其主人的账目，或者甚至使他所掌管的账目难以理解。

D. 11，3，2　保罗：《告示评注》第 19 卷

或使＜他＞奢侈或不听话，或说服他接受被强奸。

D. 11，3，3pr.　乌尔比安：《告示评注》第 23 卷

通过添加"恶意"＜一词＞，裁判官打击说服者的恶行。但是如果有人在没有恶意的情况下贬损＜他人奴隶的＞价值，他就不会被打击；即使他开玩笑，也不会有责任。

D. 11，3，3，1

因此有人问道：如果有人说服他人的奴隶爬上屋顶或下降到井中，而奴隶服从之，上爬或下降并折断了一条腿或任何其他肢体或者丧命，此人有责任吗？如果他这样做并无恶意，则他将不承担责任，但如果他恶意地这样做，他将承担责任。

D. 11, 3, 4 Paulus libro nono decimo ad edictum

Sed commodius est utili lege Aquilia eum teneri.

D. 11, 3, 5pr. Ulpianus libro vicensimo tertio ad edictum

Doli verbum etiam ad eum qui recepit referendum est, ut non alius teneatur, nisi qui dolo malo recepit: ceterum si quis, ut domino custodiret, recepit vel humanitate vel misericordia ductus vel alia probata atque iusta ratione, non tenebitur.

D. 11, 3, 5, 1

Si quis dolo malo persuaserit quid servo quem liberum putabat, mihi videtur teneri eum oportere: maius enim delinquit, qui liberum putans corrumpit: et ideo, si servus fuerit, tenebitur.

D. 11, 3, 5, 2

Haec actio etiam adversus fatentem in duplum est, quamvis Aquilia infitiantem dumtaxat coerceat.

D. 11, 3, 5, 3

Si servus servave fecisse dicetur, iudicium cum noxae deditione redditur.

第三章 关于奴隶的腐败

D. 11, 3, 4 保罗:《告示评注》第 19 卷

但是更方便的是,根据《阿奎利亚法》的规定,让他在扩用之诉中承担责任。

D. 11, 3, 5pr. 乌尔比安:《告示评注》第 23 卷

术语"恶意"还指窝藏奴隶的人的情况,因此除非他恶意行事,否则他不承担责任。但是,如果有人为了自己的主人而窝藏奴隶,或因人道、怜悯而这样做,或出于其他值得称赞的和公正的理由,则他将不承担责任。

D. 11, 3, 5, 1

当有人恶意地说服他以为是自由人的奴隶犯下一些行为,在我看来,他应被追究责任。因为,由于以为一个人是自由人而使之腐败,这是更严重的罪行;因此,如果他是奴隶,＜腐蚀者＞将承担责任。

D. 11, 3, 5, 2

即使是起诉认罪的当事方,这诉讼也是双倍赔偿之诉,尽管《阿奎利亚法》仅对拒绝承认的一方科以此刑罚。

D. 11, 3, 5, 3

当有人称男性或女性奴隶已经做出某事,则诉讼以损害投偿的方式进行。

D. 11, 3, 5, 4

Haec actio refertur ad tempus servi corrupti vel recepti, non ad praesens, et ideo et si decesserit vel alienatus sit vel manumissus, nihilo minus locum habebit actio, nec extinguitur manumissione semel nata actio:

D. 11, 3, 6 Paulus libro nono decimo ad edictum

praeteritae enim utilitatis aestimatio in hoc iudicium versatur:

D. 11, 3, 7 Ulpianus libro vicensimo tertio ad edictum

nam et mali servi forsitan consequuntur libertatem et posterior causa interdum tribuit manumissionis iustam rationem.

D. 11, 3, 8 Paulus libro nono decimo ad edictum

Sed et heres eius, cuius servus corruptus est, habet hanc actionem, non solum si manserit in hereditate servus, sed et si exierit, forte legatus.

第三章 关于奴隶的腐败

D. 11, 3, 5, 4

这个诉讼与奴隶被腐蚀或窝藏的时间有关，而不是现在的时间。因此，如果奴隶死了，或被出售或被解放，此诉讼仍然可以被提起；权利一经产生，就不会因解放而消失：

D. 11, 3, 6 保罗：《告示评注》第 19 卷

因为在此诉讼中包括了对先前效用的估算；

D. 11, 3, 7 乌尔比安：《告示评注》第 23 卷

事实上，即使坏奴隶也可能获得自由，有时后续的诉讼可能会为解放提供好理由。

D. 11, 3, 8 保罗：《告示评注》第 19 卷

奴隶被损坏的继承人有权提起这一诉讼，不仅在该奴隶仍是遗产一部分时，而且在其不再属于该遗产时。例如，当他被遗赠时。

D. 11, 3, 9pr. Ulpianus libro vicensimo tertio ad edictum

Si quis servum communem meum et suum corruperit, apud Iulianum libro nono digestorum quaeritur, an hac actione teneri possit, et ait teneri eum socio: praeterea poterit et communi dividundo et pro socio, si socii sint, teneri, ut Iulianus ait. sed cur deteriorem facit Iulianus condicionem socii, si cum socio agat, quam si cum extraneo agit? nam qui cum extraneo agit, sive recepit sive corruperit agere potest, qui cum socio, sine alternatione, id est si corrupit. nisi forte non putavit Iulianus hoc cadere in socium: nemo enim suum recipit. sed si celandi animo recepit, potest defendi teneri eum.

D. 11, 3, 9, 1

Si in servo ego habeam usum fructum, tu proprietatem, si quidem a me sit deterior factus, poteris mecum experiri, si tu id feceris, ego agere utili actione possum: ad omnes enim corruptelas haec actio pertinet et interesse fructuarii videtur bonae frugi servum esse, in quo usum fructum habet. et si forte alius eum receperit vel corruperit, utilis actio fructuario competit.

D. 11, 3, 9, 2

Datur autem actio quanti ea res erit eius dupli.

第三章 关于奴隶的腐败

D. 11, 3, 9pr. 乌尔比安:《告示评注》第 23 卷

尤里安在《学说汇纂》第 9 卷中提出了这个问题：一方如果腐蚀了一个我和他共同拥有的奴隶，那么是否可以用这一诉讼追究他的责任？〈尤里安〉回答，他对共有人承担责任。此外，正如尤里安所说，还可以对他提起共有财产分割之诉，而且如果涉及合伙，还可以提起合伙关系诉讼。但是，为什么尤里安使共有人在提出这样的诉讼时的情况比起诉陌生人时更糟？因为在起诉陌生人时，无论他是窝藏还是腐化了奴隶，都可以这样做；但如果是基于合伙关系提起诉讼，则是在没有其他选择的情况下进行的，也就是说，即没有窝藏奴隶的指控。尤里安认为这对共有人来说不太可能发生，因为没有人可以窝藏自己的奴隶。但是如果他这样做是为了隐藏奴隶，则仍可以使他有责。

D. 11, 3, 9, 1

如果我拥有某奴隶的用益权，而你仅是〈单纯的〉所有权，而该奴隶因我而变坏，则你可以对我提起诉讼。但是，如果你实施了该行为，我可以通过扩用之诉起诉你；因为这一诉讼适用于各种腐败行为，人们认为奴隶的良好习惯合乎用益权人的利益。如果另一方窝藏或腐败奴隶，则用益权人也有权提起扩用之诉。

D. 11, 3, 9, 2

该诉讼也被准许争议价值的两倍。

D. 11, 3, 9, 3

Sed quaestionis est, aestimatio utrum eius dumtaxat fieri debeat, quod servus in corpore vel in animo damni senserit, hoc est quanto vilior servus factus sit, an vero et ceterorum. et Neratius ait tanti condemnandum corruptorem, quanti servus ob id, quod subpertus sit, minoris sit.

D. 11, 3, 10 Paulus libro nono decimo ad edictum

In hoc iudicium etiam rerum aestimatio venit, quas secum servus abstulit, quia omne damnum duplatur, neque intererit, ad eum perlatae fuerint res an ad alium sive etiam consumptae sint: etenim iustius est eum teneri, qui princeps fuerit delicti, quam eum quaeri, ad quem res perlatae sunt.

D. 11, 3, 11pr. Ulpianus libro vicensimo tertio ad edictum

Neratius ait postea furta facta in aestimationem non venire. quam sententiam veram puto: nam et verba edicti ' quanti ea res erit' omne detrimentum recipiunt.

D. 11, 3, 11, 1

Servo persuasi, ut chirografa debitorum corrumpat: videlicet tenebor. sed si consuetudine peccandi postea et rationes ceteraque similia instrumenta subtraxerit vel interleverit deleverit, dicendum erit corruptorem horum nomine non teneri.

第三章 关于奴隶的腐败

D. 11, 3, 9, 3

但是,是应该只对奴隶的身体或性格遭受的损害——即奴隶价值的贬损——进行估算,还是也应该考虑其他因素,这仍然是个问题。涅拉茨指出,犯有腐蚀奴隶罪的一方应被迫赔偿因奴隶被腐败而使其价值减少的金额。

D. 11, 3, 10 保罗:《告示评注》第 19 卷

在这种情况下,还包括对奴隶随身带走的财产的评估,因为所有损失加倍;至于财产是被他拿走还是被其他人拿走,抑或被消耗,这都没有区别。因为更公正的处理肯定是向犯罪的主犯追究责任,而不是向财产受让人追究责任。

D. 11, 3, 11pr. 乌尔比安:《告示评注》第 23 卷

涅拉茨说,之后犯下的盗窃不被包括在估算之内,我认为这种观点是正确的,因为告示所说的"与争议的价值一样多"涵盖了所有损害。

D. 11, 3, 11, 1

我说服一个奴隶篡改债务人的票据,我无疑将承担责任;但是如果奴隶是因为习惯了作奸犯科,而于此后偷窃、污损或毁坏了账目或其他这类文件,则必须说,腐蚀者不对这些行为承担责任。

D. 11, 3, 11, 2

Quamvis autem rerum subtractarum nomine servi corrupti competat actio, tamen et furti agere possumus, ope enim consilio sollicitatoris videntur res abesse: nec sufficiet alterutra actione egisse, quia altera alteram non minuit. idem et in eo, qui servum recepit et celavit et deteriorem fecit, Iulianus scribit: sunt enim diversa maleficia furis et eius qui deteriorem servum facit: hoc amplius et condictionis nomine tenebitur. quamvis enim condictione hominem, poenam autem furti actione consecutus sit, tamen et quod interest debebit consequi actione servi corrupti,

D. 11, 3, 12 Paulus libro nono decimo ad edictum

quia manet reus obligatus etiam rebus redditis.

D. 11, 3, 13pr. Ulpianus libro vicensimo tertio ad edictum

Haec actio perpetua est, non temporaria: et heredi ceterisque successoribus competit, in heredem non dabitur, quia poenalis est.

D. 11, 3, 13, 1

Sed et si quis servum hereditarium corruperit, hac actione tenebitur: sed et petitione hereditatis quasi praedo tenebitur,

第三章 关于奴隶的腐败

D. 11, 3, 11, 2

尽管针对被盗财产可以发起腐蚀奴隶之诉，但我们仍然可以提起盗窃诉讼，因为必须认为，这些物品是在教唆方的帮助和建议下被移走的；提起其中任何一项诉讼也不够，因为发起了其中一种诉讼不会导致放弃另一种诉讼。尤里安在提到一个窝藏和隐匿奴隶并使他恶化的当事人时，也说了同样的话：因为盗窃和恶化奴隶是不同的罪行。除此之外，他还将因通知返还之诉而承担责任。因为，尽管＜家主＞已经通过此类诉讼获得了奴隶，并且通过盗窃之诉获得【对他人的】惩罚，但他还应该通过腐蚀奴隶之诉获得与其利益相对应的数额。

D. 11, 3, 12 保罗：《告示评注》第 19 卷

因为，尽管财产已被返还，但债务人仍受约束。

D. 11, 3, 13pr. 乌尔比安：《告示评注》第 23 卷

这一诉讼是永恒的，不是暂时性的；它赋权给继承人和其他继任者；但它不针对继承人发起，因为这是刑事的。

D. 11, 3, 13, 1

一方如果腐蚀了遗产中奴隶，也应依据该诉讼承担责任；而且他还应当在遗产请求诉讼中，作为遗产掠夺者＜即恶意占有人＞而承担责任，

D. 11, 3, 14pr. Paulus libro nono decimo ad edictum

ut tantum veniat in hereditatis petitionem quantum in hanc actionem.

D. 11, 3, 14, 1

De filio filiave familias corruptis huic edicto locus non est, quia servi corrupti constituta actio est, qui in patrimonio nostro esset, et pauperiorem se factum esse dominus probare potest dignitate et fama domus integra manente: sed utilis competit officio iudicis aestimanda, quoniam interest nostra animum liberorum nostrorum non corrumpi.

D. 11, 3, 14, 2

Si servus communis meus et tuus proprium meum servum corruperit, Sabinus non posse agi cum socio, perinde atque si proprius meus servus corrupisset conservum. item si servus communis extraneum corruperit, videndum est, utrum cum duobus agi debeat an et cum singulis exemplo ceterarum noxarum: et magis est, ut unusquisque in solidum teneatur, altero autem solvente alterum liberari.

D. 11, 3, 14, 3

Si is, in quo usum fructum habeo, servum meum corruperit, erit mihi actio cum domino proprietatis.

第三章　关于奴隶的腐败

D. 11, 3, 14pr. 保罗:《告示评注》第 19 卷

因此,请求遗产诉讼与此诉讼具有相同的范围。

D. 11, 3, 14, 1

本告示不适用于腐蚀父权控制下的儿子或女儿的行为,因为腐蚀奴隶诉讼是为了我们财产＜中的奴隶＞而发起的,主人可以证明自己已经变得更加贫穷,尽管他的家人的荣誉和声望没有受到损害。但是,＜在家子的情况下＞可以发起扩用之诉,由法官依职权决定数额,因为我们孩子的思想不受损害是我们的利益所在。

D. 11, 3, 14, 2

如果一个你我共有的奴隶腐蚀了一个我个人的奴隶,萨宾＜说＞不能对共有人发起诉讼,就像我自己的奴隶腐蚀了我的另一个奴隶也不能起诉。同样,如果一个共有的奴隶腐蚀了一个他人的奴隶,则应当考虑:是应当对这两个＜共同拥有人＞都提起诉讼,抑或是参照其他罪行,分别起诉单个共有人;更好的意见是,每个主人都要对全部金额负责,但是如果其中一个人付款,则另一个人将被免责。

D. 11, 3, 14, 3

如果一个我拥有用益权的奴隶腐蚀了一个属于我的奴隶,则我有权对财产的单纯所有者提起诉讼。

D. 11, 3, 14, 4

Pignoris dati nomine debitor habet hanc actionem.

D. 11, 3, 14, 5

In hac actione non extra rem duplum est: id enim quod damni datum est duplatur.

D. 11, 3, 14, 6

His consequenter et illud probatur, ut, si servo meo persuaseris, ut Titio furtum faciat, non solum in id teneris, quo deterior servus effectus est, sed et in id quod Titio praestaturus sim.

D. 11, 3, 14, 7

Item non solum si mihi damnum dederit consilio tuo, sed etiam si extraneo, eo quoque nomine mihi teneris, quod ego lege Aquilia obnoxius sim: aut si ex conducto teneor alicui, quod ei servum locavi et propter te deterior factus sit, teneberis et hoc nomine, et si qua talia sint.

D. 11, 3, 14, 8

Aestimatio autem habetur in hac actione, quanti servus vilior factus sit, quod officio iudicis expedietur:

D. 11, 3, 14, 4

债务人有权因被交出来抵押债务的 <奴隶> 而发起此诉讼。

D. 11, 3, 14, 5

在此诉讼中,双倍计算的不是【被损坏】物的价值,因为双倍计算的是其遭受的损失。

D. 11, 3, 14, 6

这样的结果是,如果有人证明,你说服了我的奴隶从蒂蒂乌斯(*Titius*)那里偷了东西,你不仅要承担奴隶恶化的责任,还要承担我应向蒂蒂乌斯支付的款项。

D. 11, 3, 14, 7

同样,你不仅在 <我的奴隶> 由于你的建议而使我蒙受了损失时要对我承担责任,而且还在他对陌生人造成了损失时要对我承担责任,因为根据《阿奎利亚法》,我负有责任。但是,如果我对某人因承租之诉(*ex conducto*)而负有责任,因为我出租了一个奴隶给他,而奴隶又因你而恶化,那么你将因此承担责任,并在类似情况下也将承担责任。

D. 11, 3, 14, 8

在这一诉讼中所做的损失估算,取决于奴隶的价值减少了多少,而这是法官依职权决定的事。

D. 11, 3, 14, 9

Interdum tamen et inutilis sit, ut non expediat talem servum habere. utrum ergo et pretium cogitur dare sollicitator et servum dominus lucrifacit, an vero cogi debet dominus restituere servum et pretium servi accipere? et verius est electionem domino dari, sive servum detinere cupit et damnum, quanti deterior servus factus est, in duplum accipere, vel servo restituto, si copiam huius rei habeat, pretium consequi, quod si non habeat, pretium quidem simili modo accipere, cedere autem sollicitatori periculo eius de dominio servi actionibus. quod tamen de restitutione hominis dicitur, tunc locum habet, cum homine vivo agitur. quid autem si manumisso eo agatur? non facile apud iudicem audietur dicendo ideo se manumisisse, quoniam habere noluerat domi, ut et pretium habeat et libertum.

D. 11, 3, 15 Gaius libro sexto ad edictum provinciale

Corrumpitur animus servi et si persuadeatur ei, ut dominum contemneret.

D. 11, 3, 16 Alfenus Varus libro secundo digestorum

Dominus servum dispensatorem manumisit, postea rationes ab eo accepit et cum eis non constaret, comperit apud quandam mulierculam pecuniam eum consumpsisse: quaerebatur, possetne agere servi corrupti cum ea muliere, cum is servus iam liber esset. respondi posse, sed etiam furti de pecuniis, quas servus ad eam detulisset.

D. 11，3，14，9

但是，有时奴隶变得一文不值，因此拥有这样的奴隶没有任何好处。因此＜在类似情况下＞，影响奴隶的一方是否可以被强迫支付奴隶的价值，而主人仍然持有他并从中获利；还是应该强迫主人交出奴隶并接受其价值？更好的意见是主人应该拥有选择权，是否愿意保留奴隶并获得相当于奴隶恶化程度两倍的赔偿金；或者，如果他有权这样做的话，交出奴隶并接受其价值；如果他没有权力这样做，他仍应接受其价值，并将其诉权转让给教唆奴隶的一方，让他以自己的风险追回奴隶。凡有关交出奴隶的陈述，仅适用于在提起诉讼时奴隶还活着的情况。但是，如果诉讼是＜奴隶的主人＞在奴隶被释放之后才被提起的呢？如果被告称他释放奴隶是因为他不希望将其留在自己的房子中，因为他希望获得金钱和自由人，则被告将不会轻易被法官聆听。

D. 11，3，15 盖尤斯：《行省告示评注》第 6 卷

如果说服奴隶轻视其主人，则奴隶的思想就被腐蚀了。

D. 11，3，16 阿尔芬努斯·瓦鲁斯：《学说汇纂》第 2 卷

一个奴隶主解放了一个奴隶管家，随后他收到了账目，并发现账目不正确，他得知该奴隶已将这笔钱花在了某个女子身上。有人提出问题，尽管奴隶已经获得自由，是否还可以腐蚀奴隶诉讼来起诉这位妇女？我回答说他可以，而且他还可以提起盗窃之诉，因为奴隶将钱给了她。

D. 11, 3, 17 Marcianus libro quarto regularum

Servi corrupti nomine et constante matrimonio marito in mulierem datur actio, sed favore nuptiarum in simplum.

D. 11，3，17 马尔西安：《规则集》第 4 卷

即使在婚姻存续的情况下，也允许丈夫对妻子发起腐蚀奴隶诉讼，但这仅考虑对婚姻的简单损害。

IV
DE FUGITIVIS

D. 11, 4, 1pr. Ulpianus libro primo ad edictum

Is qui fugitivum celavit fur est.

D. 11, 4, 1, 1

Senatus censuit, ne fugitivi admittantur in saltus neque protegantur a vilicis vel procuratoribus possessorum, et multam statuit: his autem, qui intra viginti dies fugitivos vel dominis reddidissent vel apud magistratus exhibuissent, veniam in ante actum dedit: sed et deinceps eodem senatus consulto impunitas datur ei, qui intra praestituta tempora, quam repperit fugitivos in agro suo, domino vel magistratibus tradiderit.

第四章
关于逃奴

D. 11，4，1pr. 乌尔比安：《告示评注》第 1 卷
隐藏逃奴的人是小偷。

D. 11，4，1，1
　　元老院颁布法令，逃奴不得被许可进入森林，或由农场主或＜土地＞占有人的代理人加以隐匿，并规定了罚款。但是，如果有人在二十天之内将逃奴归还给其主人，或将逃奴带到执法官面前，则他们以前的所作所为将被赦免。但后来在元老院的同一决议中指出，凡在自己房屋中发现逃奴，而在规定的时间内将逃奴归还给其主人，或将逃奴带至执法官面前的人，都可以享有豁免权。

D. 11, 4, 1, 2

Hoc autem senatus consultum aditum etiam dedit militi vel pagano ad investigandum fugitivum in praedia senatorum vel paganorum (cui rei etiam lex Fabia prospexerat et senatus consultum Modesto consule factum), ut fugitivos inquirere volentibus litterae ad magistratus dentur, multa etiam centum solidorum in magistratus statuta, si litteris acceptis inquirentes non adiuvent. sed et in eum, qui quaeri apud se prohibuit, eadem poena statuta. est etiam generalis epistula divorum Marci et Commodi, qua declaratur et praesides et magistratus et milites stationarios dominum adiuvare debere inquirendis fugitivis, et ut inventos redderent, et ut hi, apud quos delitescant puniantur, si crimine contingantur.

D. 11, 4, 1, 3

Unusquisque eorum, qui fugitivum adprehendit, in publicum deducere debet.

D. 11, 4, 1, 4

Et merito monentur magistratus eos diligenter custodire, ne evadant.

D. 11, 4, 1, 5

Fugitivum accipe et si quis erro sit. fugitivi autem appellatione ex fugitiva natum non contineri Labeo libro primo ad edictum scribit.

第四章 关于逃奴

D. 11, 4, 1, 2

这一元老院决议还授予士兵或平民进入元老或平民的土地以搜寻逃奴的权利,实际上,《法比亚法》以及元老院在莫德斯图担任执政官时制定的元老院决议,都涉及到此事。其中规定,在当事各方希望搜寻逃奴时,应给他们开具写给执法官的信,并为执法官规定了一百钱的罚款,如果他们收到信件后拒绝协助当事方进行搜查的话,禁止在其处所内进行搜查的人也将受到同样的惩罚。现存有一份神君马库斯和科莫多斯的一般敕函,其中规定,所有行省总督、执法官、驻军的士兵都应当协助正在寻找逃奴的人,并在找到逃奴的情况下将其交还,任何在自己住所之上隐藏奴隶的当事方若参与犯罪,应当受到惩罚。

D. 11, 4, 1, 3

任何逮捕逃奴的人都应当公开将其交出。

D. 11, 4, 1, 4

并且非常妥当地通知了执法官,将逃奴小心羁押,以防止其逃脱。

D. 11, 4, 1, 5

你必须理解"逃犯"一词包括惯于脱逃的奴隶。然而,拉贝奥在《告示评注》第1卷中说,这个称呼不包括逃亡女奴的子女。

D. 11, 4, 1, 6

In publicum deduci intelleguntur qui magistratibus municipalibus traditi sunt vel publicis ministeriis.

D. 11, 4, 1, 7

Diligens custodia etiam vincire permittit.

D. 11, 4, 1, 8

Tamdiu autem custodiuntur, quamdiu ad praefectum vigilum vel ad praesidem deducantur.

D. 11, 4, 1, 8a

Eorumque nomina et notae et cuius se quis esse dicat ad magistratus deferantur, ut facilius adgnosci et percipi fugitivi possint (notae autem verbo etiam cicatrices continentur): idem iuris est, si haec in scriptis publice vel in aedes proponas.

D. 11, 4, 2 Callistratus libro sexto cognitionum

Fugitivi simplices dominis reddendi sunt: sed si pro libero se gesserint, gravius coerceri solent.

D.11, 4, 1, 6
奴隶被交付给城市执法官或政府官员的,被理解为公开被交出。

D.11, 4, 1, 7
谨慎地看护允许使用捆绑。

D.11, 4, 1, 8
奴隶必须被羁押,直到他们被押至宵禁官或行省总督面前。

D.11, 4, 1, 8a
必须向执法官提供奴隶的姓名和印记的信息,并将任一逃奴所称的主人身份告知执法官;为的是使逃奴更容易被识别和认领(在"印记"一词中还包括疤痕)。如果你在公共场所或庙宇中通过书面形式宣布这些事项的,此规则也同样适用。

D.11,4,2 伽利斯特拉杜斯:《论审理》第6卷
如果奴隶只是脱逃,则应被归还其主人;但如果他们假冒自由人,则习惯上要严惩他们。

D. 11, 4, 3 Ulpianus libro septimo de officio proconsulis

Divus Pius rescripsit eum, qui fugitivum vult requirere in praediis alienis, posse adire praesidem litteras ei daturum et, si ita res exegerit, apparitorem quoque, ut ei permittatur ingredi et inquirere, et poenam eundem praesidem in eum constituere, qui inquiri non permiserit. sed et divus Marcus oratione, quam in senatu recitavit, facultatem dedit ingrediendi tam Caesaris quam senatorum et paganorum praedia volentibus fugitivos inquirere scrutarique cubilia atque vestigia occultantium.

D. 11, 4, 4 Paulus libro primo sententiarum

Limenarchae et stationarii fugitivos deprehensos recte in custodiam retinent. magistratus municipales ad officium praesidis provinciae vel proconsulis conprehensos fugitivos recte transmittunt.

D. 11, 4, 5 Tryphoninus libro primo disputationum

Si in harenam fugitivus servus se dederit, ne isto quidem periculo, discriminis vitae tantum, sibi irrogato potestatem domini evitare poterit: nam divus Pius rescripsit omnimodo eos dominis suis reddere sive ante pugnam ad bestias sive post pugnam, quoniam interdum aut pecunia interversa aut commisso aliquo maiore maleficio ad fugiendam inquisitionem vel iustitiam animadversionis in harenam se dare mallent. reddi ergo eos oportet.

D.11,4,3 乌尔比安：《论行省执政官的义务》第7卷

神君＜安东尼·＞庇乌斯在一份批复中指出，如果一方希望在另一方的土地内寻找逃奴，则他可以向行省总督申请给他自己开具信件；如果情势需要，还可以指派一名随从，以便允许他进入并进行搜查，行省总督还可以对不允许进行搜查的人处以罚款。神君马库斯＜·奥略留＞在元老院面前发表的一次讲话中，也将权力授予希望进入皇帝土地、元老土地和私人土地以搜寻逃亡奴隶的人，并允许他检查藏奴者的房间和行踪。

D.11,4,4 保罗：《论点集》第1卷

港口官员和驻军士兵必须在拘捕逃犯后将其认真羁押。市政执法官也必须在拘捕了这些逃亡奴隶之后，将其妥善护送到行省总督或行省长官衙门。

D.11,4,5 特里芬尼鲁斯：《论断集》第1卷

当逃亡的奴隶投身于竞技场【当角斗士】时，他无法通过面对如此重大的危险——生命危险——来逃避主人的权力。因为神君＜安东尼·＞庇乌斯在批复中说过，无论是在与野兽战斗之前或之后，任何情况下都应当将这种奴隶交还给其主人；其原因在于有时他可能挪用了金钱，或犯了其他更严重的违法行为，因此他宁愿投身于竞技场【当角斗士】而不愿接受调查或正义的惩罚。因此他必须被交出。

V

DE ALEATORIBUS

D. 11, 5, 1pr. Ulpianus libro vicensimo tertio ad edictum

Praetor ait: 'Si quis eum, apud quem alea lusum esse dicetur, verberaverit damnumve ei dederit sive quid eo tempore dolo eius subtractum est, iudicium non dabo. in eum, qui aleae ludendae causa vim intulerit, uti quaeque res erit, animadvertam.'

D. 11, 5, 1, 1

Si rapinas fecerint inter se collusores, vi bonorum raptorum non denegabitur actio: susceptorem enim dumtaxat prohibuit vindicari, non et collusores, quamvis et hi indigni videantur.

D. 11, 5, 1, 2

Item notandum, quod susceptorem verberatum quidem et damnum passum ubicumque et quandocumque non vindicat: verum furtum factum domi et eo tempore quo alea ludebatur, licet lusor non fuerit qui quid eorum fecerit, impune fit. domum autem pro habitatione et domicilio nos accipere debere certum est.

第五章
关于赌徒

D. 11，5，1pr. 乌尔比安：《告示评注》第 23 卷

裁判官说："凡有人殴打一个据说其家中进行了赌博的人，或以任何方式损害他；或恶意地将任何东西从其房子中移走，我都不会准予诉讼。根据情况，我将惩罚因赌博而使用暴力的人。"

D. 11，5，1，1

如果赌徒们互相抢劫，暴力夺取财产之诉将不会被拒绝。但是，＜裁判官＞只禁止东道主提起诉讼，而不是其他赌徒，尽管他们似乎不值得宽纵。

D. 11，5，1，2

同样，还应指出，当东道主赌输或遭受损失，无论＜这发生于＞何时何地，他都不能起诉；但当赌博在房屋内进行，此时完成的偷窃可以不受惩罚，即使偷窃者未参加赌博。可以肯定，我们必须将"房屋"一词理解为既表示居住地也表示住所。

D. 11, 5, 1, 3

Quod autem praetor negat se furti actionem daturum, videamus utrum ad poenalem actionem solam pertineat, an et si ad exhibendum velit agere vel vindicare vel condicere. et est relatum apud Pomponium solummodo poenalem actionem denegatam, quod non puto verum: praetor enim simpliciter ait 'si quid subtractum erit, iudicium non dabo'.

D. 11, 5, 1, 4

'In eum', inquit, 'qui aleae ludendae causa vim intulerit, uti quaeque res erit, animadvertam' haec clausula pertinet ad animadversionem eius qui compulit ludere, ut aut multa multetur aut in lautumias vel in vincula publica ducatur:

D. 11, 5, 2pr. Paulus libro nono decimo ad edictum

solent enim quidam et cogere ad lusum vel ab initio vel victi dum retinent.

D. 11, 5, 2, 1

Senatus consultum vetuit in pecuniam ludere, praeterquam si quis certet hasta vel pilo iaciendo vel currendo saliendo luctando pugnando quod virtutis causa fiat:

D. 11, 5, 1, 3

如果裁判官拒绝批准盗窃诉讼，让我们看看这是仅指刑事诉讼，抑或也指申诉人希望提起出示原物（ad exhibendum）诉讼或提起通知返还诉讼的情况？彭波尼说，只有刑事诉讼才被拒绝，但我认为这是不正确的，因为裁判官简单地说："如果＜他＞被偷任何东西，我将不会批准诉讼。"

D. 11, 5, 1, 4

＜裁判官＞说："根据情况，我将惩罚因赌博而使用暴力的人。"本条款涉及惩罚那些强迫他人参加比赛的人，因为该方可能被罚款，或被判去采石场，或被带枷囚禁。

D. 11, 5, 2pr.　保罗：《告示评注》第 19 卷

事实上，有些人习惯于强迫他人赌博，有时他们从一开始就这样做，有时他们在赌输后强扣他人。

D. 11, 5, 2, 1

元老院的一项决议禁止以金钱为游戏，除非当事各方是为了＜促进＞英勇而比试扔长矛、掷标枪、奔跑、跳跃、摔跤或拳击。

D. 11, 5, 3 Marcianus libro quinto regularum

in quibus rebus ex lege Titia et Publicia et Cornelia etiam sponsionem facere licet: sed ex aliis, ubi pro virtute certamen non fit, non licet.

D. 11, 5, 4pr. Paulus libro nono decimo ad edictum

Quod in convivio vescendi causa ponitur, in eam rem familia ludere permittitur.

D. 11, 5, 4, 1

Si servus vel filius familias victus fuerit, patri vel domino competit repetitio. item si servus acceperit pecuniam, dabitur in dominum de peculio actio, non noxalis, quia ex negotio gesto agitur: sed non amplius cogendus est praestare, quam id quod ex ea re in peculio sit.

D. 11, 5, 4, 2

Adversus parentes et patronos repetitio eius quod in alea lusum est utilis ex hoc edicto danda est.

D. 11, 5, 3 马尔西安：《规则集》第 5 卷

在这种情况下进行正式的打赌，根据《提齐亚、普布里其亚和科尔内利亚法》是允许的；但是在其他情况下，当比试不是为了英勇，则是不合法的。

D. 11, 5, 4pr. 保罗：《告示评注》第 19 卷

被置于宴会桌上的食品，允许房主家庭成员以之赌博。

D. 11, 5, 4, 1

如果奴隶或父权下的儿子丧生，其父亲或其奴隶主有权追回其损失的一切。同样，如果一个奴隶收到了钱，那么将允许对＜他的＞主人提起特有产诉讼，而不是损害投偿之诉，因为这是管理事务的；但是主人不应当被迫支付超过特有产金额的款项。

D. 11, 5, 4, 2

根据本告示，可以对祖上或恩主发起扩用之诉，以追回赌博损失的金钱。

VI

SI MENSOR FALSUM MODUM DIXERIT

D. 11, 6, 1pr. Ulpianus libro vicensimo quarto ad edictum

Adversus mensorem agrorum praetor in factum actionem proposuit. a quo falli nos non oportet: nam interest nostra, ne fallamur in modi renuntiatione, si forte vel de finibus contentio sit vel emptor scire velit vel venditor, cuius modi ager veneat. ideo autem hanc actionem proposuit, quia non crediderunt veteres inter talem personam locationem et condutionem esse, sed magis operam beneficii loco praeberi et id quod datur ei, ad remunerandum dari et inde honorarium appellari: si autem ex locato conducto fuerit actum, dicendum erit nec tenere intentionem.

第六章
如果土地测量员就
测量结果做出虚假报告

D.11，6，1pr. 乌尔比安：《告示评注》第24卷

裁判官准许对土地测量员提起事实之诉。因为我们不能被他骗了：事实上，不被测量报告蒙骗是我们的利益所在。例如，在关于边界的争议中，或者当【土地】购买者或【土地】出售者希望确定待售土地的面积时。＜裁判官＞之所以准许发起这一诉讼，是因为古代＜法学家们＞不认为与这种人【即土地测量员】之间是赁借贷关系，相反他的服务是无偿提供的，而因为给他东西就是给他报酬，所以对其的酬劳方式是叫他荣誉人。相反，在提起赁借贷诉讼的情况下，则应当说这诉请是站不住脚的。

D. 11, 6, 1, 1

Haec actio dolum malum dumtaxat exigit: visum est enim satis abundeque coerceri mensorem, si dolus malus solus conveniatur eius hominis, qui civiliter obligatus non est. proinde si imperite versatus est, sibi imputare debet qui eum adhibuit: sed et si neglegenter, aeque mensor securus erit: lata culpa plane dolo comparabitur. sed et si mercedem accepit, non omnem culpam eum praestare propter verba edicti: utique enim scit praetor et mercede eos intervenire.

D. 11, 6, 1, 2

Is autem tenetur hac actione qui renuntiavit: sed renuntiasse et eum accipere debemus, qui per alium renuntiavit

D. 11, 6, 2pr. Paulus libro vicensimo quinto ad edictum

vel per litteras.

D. 11, 6, 2, 1

Sed si ego tibi, cum esses mensor, mandaverim, ut mensuram agri ageres et tu id Titio delegaveris et ille dolo malo quid in ea re fecerit, tu teneberis, quia dolo malo versatus es, qui tali homini credidisti.

第六章　如果土地测量员就测量结果做出虚假报告

D. 11, 6, 1, 1

＜作为前提＞此诉讼只需要恶意即可：只要以恶意为由起诉土地测量员，就足够惩罚他，因为并不援引民法所以他不承担民事责任。因此，如果他表现出缺乏技能，只能怪雇用他的人；但是如果他行为有疏忽，他将同样明确不用承担责任；很明显，重大过失类似于恶意。即使他得到了工资，根据告示的规定，他不是对每种过失负责：因为毫无疑问，裁判官知道土地测量员也是有偿工作的。

D. 11, 6, 1, 2

依据该诉讼，做出报告者承担责任；但我们必须理解，通过他人做出报告的人也是做出报告者。

D. 11, 6, 2pr. 保罗：《告示评注》第 25 卷

或以书面形式。

D. 11, 6, 2, 1

但是，如果我指示你（一名土地测量员）对一块土地进行测量，而你将这委托给蒂蒂乌斯（Titius），而他在工作中恶意地做出了某事，则你将承担责任，因为你在信任这样的人时具有了恶意。

D. 11, 6, 3pr. Ulpianus libro vicensimo quarto ad edictum

Si duobus mandavero et ambo dolose fecerint, adversus singulos in solidum agi poterit, sed altero convento, si satisfecerit, in alterum actionem denegari oportebit.

D. 11, 6, 3, 1

Competit autem haec actio ei, cuius interfuit falsum modum renuntiatum non esse, hoc est vel emptori vel venditori, cui renuntiatio offuit.

D. 11, 6, 3, 2

Pomponius tamen scribit, si emptor plus dederit venditori propter renuntiationem, quia condicere potest quod plus dedit, agi cum mensore non posse: nihil enim emptoris interesse, cum possit condicere: nisi solvendo venditor non fuit: tunc enim mensor tenebitur.

D. 11, 6, 3, 3

Sed si venditor maiorem modum tradiderit fraudatus a mensore, consequenter dicit Pomponius non esse actionem adversus mensorem, quia est ex venditio actio adversus emptorem, nisi et hic emptor solvendo non sit.

第六章 如果土地测量员就测量结果做出虚假报告

D. 11, 6, 3pr. 乌尔比安：《告示评注》第 24 卷

如果我指示两个<土地测量员>进行测量，而两个人都有恶意，则我可以对任何一人提起连带诉讼；一旦其中一个被起诉后，诉讼结果满足了我的诉请，则必须拒绝我对另一个所提出的诉讼。

D. 11, 6, 3, 1

任何其利益在于虚假计量报告不被做出的人，都可以提起这一诉讼，也就是说，受报告伤害的【土地】买方或卖方都可以。

D. 11, 6, 3, 2

然而彭波尼说，如果买方根据测量员的报告向卖方支付了过多的费用，因为他可以提起通知返还之诉来追回多付的货款，所以他不能对测量员提起诉讼。事实上，这样做不符合购买者的利益，因为除非卖方无力偿债（那时测量员将承担责任），否则买家有权起诉要求返还。

D. 11, 6, 3, 3

当卖方在被土地测量员欺骗的情况下交付了更多<土地>，彭波尼说，结果就是不会对土地测量员提出任何诉讼，因为卖方有权对购买者提起销售诉讼（*ex venditio actio*），除非购买者有偿付能力。

D. 11, 6, 3, 4

Idem Pomponius scribit, si propter iudicium adhibitus mensor fraudaverit me in renuntiatione, teneri eum, si ob hoc de iudicio minus tuli: plane si a iudice adhibitus contra me renuntiaverit dolo malo, dubitat, an teneri mihi debeat? quod magis admittit.

D. 11, 6, 3, 5

Hanc actionem heredi similibusque personis dandam Pomponius scribit: sed in heredem similesque personas denegandam ait.

D. 11, 6, 3, 6

Servi autem nomine magis noxale quam de peculio competere ait, quamvis civilis actio de peculio competat.

D. 11, 6, 4 Paulus libro vicensimo quinto ad edictum

Haec actio perpetua est, quia initium rei non ad circumscriptionem, sed a suscepto negotio originem accipit.

D. 11, 6, 5pr. Ulpianus libro vicensimo quarto ad edictum

Si mensor non falsum modum renuntiaverit, sed traxerit renuntiationem et ob hoc evenerit ut venditor liberetur, qui adsignaturum se modum intra certum diem promisit, haec actio locum non habet: sed nec dari utilem debere Pomponius ait. erit ergo ad actionem de dolo decurrendum.

D.11，6，3，4

彭波尼还指出，在因审判而聘用了土地测量员的情况下，如果他＜在测量中＞欺骗了我，而我因此从判决中获得的利益减少，则他将承担责任。显然，如果他被法院任命并恶意地做出对我不利的＜测量＞，＜法学家＞怀疑测量员是否应当对我承担责任？他更多地认为可以这样做。

D.11，6，3，5

彭波尼表示，应准予继承人和同类的人发起此诉讼，但应拒绝针对继承人和同类的人发起此诉讼。

D.11，6，3，6

＜彭波尼＞说，当诉讼涉及奴隶时，尽管可以发起民事特有产诉讼，但此诉讼是损害投偿之诉而非特有产之诉。

D.11，6，4 保罗：《告示评注》第25卷

这一诉讼是永久性的，因为诉由不是源自恶意开始时，而是源自业务开展之时。

D.11，6，5pr. 乌尔比安：《告示评注》第24卷

当测量员没有对测量结果做出虚假的报告，而是延迟了报告，结果是卖方——承诺于规定时间内出具测量结果——将被免责，【买家】无法提起此项诉讼；但彭波尼认为也不应准予提起扩用之诉。因此必须诉诸于基于欺诈的诉讼。

D. 11, 6, 5, 1

Si, cum falsus modus renuntiatus esset, emptor cum venditore ex empto egisset, agere poterit etiam cum mensore: sed si nihil eius interest, condemnari mensorem non oportet. quod si non de toto modo qui deerat cum venditore egerit, sed de minore, consequenter scribit Pomponius de residuo cum mensore agi posse.

D. 11, 6, 5, 2

Hoc iudicium latius praetor porrexit: nam et si cuius alterius rei mensuram falsam renuntiavisse dicetur, haec actio competit. proinde si in aedificii mensura fefellit vel in frumenti vel in vini,

D. 11, 6, 6 Paulus libro vicensimo quarto ad edictum

sive de itineris latitudine sive de servitute immittendi proiciendique quaeratur, sive aream vel tignum vel lapidem metiendo mentitus fuerit

D. 11, 6, 7pr. Ulpianus libro vicensimo quarto ad edictum

vel cuius alterius rei, tenebitur.

D. 11, 6, 7, 1

Et si mensor machinarius fefellerit, haec actio dabitur.

D. 11, 6, 5, 1

如果【土地测量员】做出虚假报告，而买方以买卖之诉起诉卖方，则他也可以起诉测量员，但如果土地测量员于此＜买家那里＞无利益，则不会对测量员作出不利判决。如果买家没有就测量所缺的全部部分向卖方提起诉讼，而是要求赔偿较小的数额，彭波尼说，可以起诉土地测量员以主张其余部分。

D. 11, 6, 5, 2

裁判官进一步扩大了这一诉讼的范围：如果对任何其他东西测量时存在虚假陈述，也可以发起此诉讼。因此，当一方在测量建筑物或谷物或葡萄酒时欺骗其雇主；

D. 11, 6, 6 保罗：《告示评注》第 24 卷

或是在有人争议通行役权的宽度或正面引水役权的宽度时，或是在测量面积、横梁或石料时撒谎；

D. 11, 6, 7pr. 乌尔比安：《告示评注》第 24 卷

或者其他任何东西，他将承担责任。

D. 11, 6, 7, 1

即使测量员因被欺骗而犯错，也可以【对测量员】发起此项行动。

D. 11, 6, 7, 2

Nec non illud quoque Pomponius dicit etiam in eum, qui mensor non fuit, fefellit tamen in modo, competere hanc actionem.

D. 11, 6, 7, 3

Hoc exemplo etiam adversus architectum actio dari debet qui fefellit: nam et divus Severus adversus architectum et redemptorem actiones dandas decrevit.

D. 11, 6, 7, 4

Ego etiam adversus tabularium puto actiones dandas, qui in computatione fefellit.

D. 11, 6, 7, 2

此外,彭波尼还说,任何人都有权对虽不是测量员但在计量中欺骗他人者提起这一诉讼。

D. 11, 6, 7, 3

依据此例,应当准许起诉骗人的建筑师;根据神君塞维鲁斯的法令,应准许起诉建筑师或承包商。

D. 11, 6, 7, 4

我认为,也应准许起诉那些在计算中骗人的会计师。

VII
DE RELIGIOSIS ET SUMPTIBUS FUNERUM ET UT FUNUS DUCERE LICEAT

D. 11, 7, 1 Ulpianus libro decimo ad edictum

Qui propter funus aliquid impendit, cum defuncto contrahere creditur, non cum herede.

D. 11, 7, 2pr. Idem libro vicensimo quinto ad edictum

Locum in quo servus sepultus est religiosum esse Aristo ait.

D. 11, 7, 2, 1

Qui mortuum in locum alienum intulit vel inferre curavit, tenebitur in factum actione. ' in locum alterius' accipere debemus sive in agro sive in aedificio. sed hic sermo domino dat actionem, non bonae fidei possessori: nam cum dicat 'in locum alterius', apparet de domino eum sentire, id est eo cuius locus est. sed et fructuarius inferendo tenebitur domino proprietatis. an et socius teneatur, si ignorante socio intulerit, tractari potest: est tamen verius familiae erciscundae vel communi dividundo conveniri eum posse.

第七章
关于宗教场所、丧葬费及如何准备葬礼

D. 11, 7, 1 乌尔比安:《告示评注》第 10 卷

任何人因葬礼而面临花费,则他被视为与死者而非继承人缔结了<合同>。

D. 11, 7, 2pr. 乌尔比安:《告示评注》第 25 卷

亚里士多德说,奴隶被埋葬的地方是宗教场所。

D. 11, 7, 2, 1

将尸体埋于他人的房屋内或使这行为被完成的人,在事实(*in factum*)之诉中承担责任。我们必须理解"在他人的房屋"是指一块田地或一栋建筑物。但是,这一表达是允许所有者发起诉讼,而不是善意占有人:因为当说"在他人的房屋"时,这一表达显然是指所有者,即财产所属的一方。即便用益权人<在用益权的土地上>埋葬他人,他也将向财产的单纯所有者承担责任。共同所有人在其他共同所有人不知情的情况下埋葬了<某人>,是否应承担责任,尚有争议:但更好的意见是,他可以在遗产分割诉讼中被起诉,或者在共同财产分割之诉中被起诉。

D. 11, 7, 2, 2

Praetor ait: 'Sive homo mortuus ossave hominis mortui in locum purum alterius aut in id sepulchrum, in quo ius non fuerit, illata esse dicentur'. qui hoc fecit, in factum actione tenetur et poena pecuniaria subicietur.

D. 11, 7, 2, 3

De ea autem illatione praetor sensit, quae sepulturae causa fit.

D. 11, 7, 2, 4

Purus autem locus dicitur, qui neque sacer neque sanctus est neque religiosus, sed ab omnibus huiusmodi nominibus vacare videtur.

D. 11, 7, 2, 5

Sepulchrum est, ubi corpus ossave hominis condita sunt. Celsus autem ait: non totus, qui sepulturae destinatus est, locus religiosus fit, sed quatenus corpus humatum est.

D. 11, 7, 2, 6

Monumentum est, quod memoriae servandae gratia existat.

D. 11, 7, 2, 2

裁判官说:"当有人说,一个死者的尸体或骨头被人埋在了属于他人的普通土地或他无权利的墓地中",这样做的人会在事实之诉中承担责任,并将受到财产惩罚。

D. 11, 7, 2, 3

裁判官所指的"埋"是以安葬为目的的。

D. 11, 7, 2, 4

地面的样式是"普通的",既不是神圣的,也不是奉献给神的,也不是宗教的,而是这些形容词都不适用的一处地方。

D. 11, 7, 2, 5

坟墓是放尸体或遗骨的地方。但是杰尔苏说:一个用来埋葬的地方并不全部变成宗教场所,<只有>其中放尸体的那部分是宗教场所。

D. 11, 7, 2, 6

纪念碑是为保存<对死者的>记忆而可见的任何东西。

D. 11, 7, 2, 7

Si usum fructum quis habeat, religiosum locum non facit. sed et si alius proprietatem, alius usum fructum habuit, non faciet locum religiosum nec proprietarius, nisi forte ipsum qui usum fructum legaverit intulerit, cum in alium locum inferri tam opportune non posset: et ita Iulianus scribit. alias autem invito fructuario locus religiosus non fiet: sed si consentiat fructuarius, magis est ut locus religiosus fiat.

D. 11, 7, 2, 8

Locum qui servit nemo religiosum facit, nisi consentiat is cui servitus debetur. sed si non minus commode per alium locum servitute uti potest, non videtur servitutis impediendae causa id fieri, et ideo religiosus fit: et sane habet hoc rationem.

D. 11, 7, 2, 9

Is qui pignori dedit agrum si in eum suorum mortuum intulerit, religiosum eum facit: sed et si ipse inferatur, idem est: ceterum alii concedere non potest.

D. 11, 7, 3 Paulus libro vicensimo septimo ad edictum

Ex consensu tamen omnium utilius est dicere religiosum posse fieri, idque Pomponius scribit.

D. 11, 7, 2, 7

当任何人＜仅＞拥有＜某地的＞用益权时，＜埋葬＞不会使该场所成为宗教场所。但是，如果一方仅拥有所有权，而另一方拥有用益权，则后者不能将该地方变为宗教场所，＜单纯＞所有者也不能使该地成为宗教场所，除非他碰巧将受遗赠了该用益权的一方埋葬在那里，因为他【指受遗赠用益权的一方】不能如此方便地被埋葬在其他地方，这是尤利安的看法。但是在其他情况下，如果用益权人不愿意，则该地方不会变为宗教场所。但是如果他同意的话，更好的意见是，此地变成了宗教场所。

D. 11, 7, 2, 8

除非有权获得地役权的一方同意，否则任何人都不能使一个受制于地役权的地方成为宗教场所。但是，如果当事方在其他地方能同样方便地使用地役权，就不能认为埋葬是为了干扰地役权，因此＜该场所＞变成了宗教场所。这确实是合理的。

D. 11, 7, 2, 9

当某人已将其土地抵押并在该土地上埋葬了自己的家庭成员之一，他将使其变为宗教场所；如果他本人被埋葬在那里，则适用同一规则；但他不能＜将此权利＞转让给他人。

D. 11, 7, 3 保罗：《告示评注》第 27 卷

但是，说＜此地＞可以在所有各方的同意下被变为宗教场所，这更符合公众利益，而这是彭波尼认为的。

D. 11, 7, 4 Ulpianus libro vicensimo quinto ad edictum

Scriptus heres prius quam hereditatem adeat patrem familias mortuum inferendo locum facit religiosum, nec quis putet hoc ipso pro herede eum gerere: finge enim adhuc eum deliberare de adeunda hereditate. ego, etiamsi non heres eum intulerit, sed quivis alius herede vel cessante vel absente vel verente, ne pro herede gerere videatur, tamen locum religiosum facere puto: plerumque enim defuncti ante sepeliuntur, quam quis heres eis existet. sed tunc locus fit religiosus, cum defuncti fuit: naturaliter enim videtur ad mortuum pertinere locus in quem infertur, praesertim si in eum locum inferatur, in quem ipse destinavit: usque adeo, ut, etiamsi in legatum locum sit illatus ab herede, inlatione tamen testatoris fit religiosus, si modo in alium locum tam opportune inferri non potuit.

D. 11, 7, 5 Gaius libro nono decimo ad edictum provinciale

Familiaria sepulchra dicuntur, quae quis sibi familiaeque suae constituit, hereditaria autem, quae quis sibi heredibusque suis constituit.

D. 11，7，4 乌尔比安：《告示评注》第 25 卷

如果<遗嘱>指定的继承人，在接受遗产之前就埋葬了家主的遗体，这样做就使该<埋葬>地成为宗教场所，但没有人会认为他是以继承人的身份这样做的。让我们假设他仍在考虑是否接受遗产。但我认为，即使继承人没有埋葬尸体，但其他人埋葬了他——当继承人要么忘记去做，要么只是路远，或者担心他可能被视为默示管理遗产——他仍然使该地成为宗教场所，因为死者往往在继承人出现之前就被埋葬了。在这种情况下，只有在场所归死者所有的情况下，土地才成为宗教场所。因为，认为一个人被埋葬的地方属于他，这再自然不过，特别是如果他被埋葬在他自己选择<作为坟墓>的地方。该规则可适用到这样的程度：即使遗体被继承人埋葬在遗赠所包含的土地中，埋葬遗嘱人仍使该场所变成宗教场所，除非他能在其他地方被同样方便地埋葬。

D. 11，7，5 盖尤斯：《行省告示评注》第 19 卷

"家庭墓地"是指一个人为自己和家人所设的地方；但是"世袭墓地"是男人为自己和他的继承人建造的地方。

D. 11, 7, 6pr. Ulpianus libro vicensimo quinto ad edictum

vel quod pater familias iure hereditario adquisiit. sed in utroque heredibus quidem ceterisque successoribus qualescumque fuerint licet sepeliri et mortuum inferre, etiamsi ex minima parte heredes ex testamento vel ab intestato sint, licet non consentiant alii. liberis autem cuiuscumque sexus vel gradus etiam filiis familiae et emancipatis idem ius concessum est, sive extiterint heredes sive sese abstineant. exheredatis autem, nisi specialiter testator iusto odio commotus eos vetuerit, humanitatis gratia tantum sepeliri, non etiam alios praeter suam posteritatem inferre licet. liberti autem nec sepeliri nec alios inferre poterunt, nisi heredes extiterint patrono, quamvis quidam inscripserint monumentum sibi libertisque suis fecisse: et ita Papinianus respondit et saepissime idem constitutum est.

D. 11, 7, 6, 1

Si adhuc monumentum purum est, poterit quis hoc et vendere et donare. si cenotaphium fit, posse hoc venire dicendum est: nec enim esse hoc religiosum divi fratres rescripserunt.

D. 11, 7, 7pr. Gaius libro nono decimo ad edictum provinciale

Is qui intulit mortuum in alienum locum, aut tollere id quod intulit aut loci pretium praestare cogitur per in factum actionem, quae tam heredi quam in heredem competit et perpetua est.

D. 11，7，6pr. 乌尔比安：《告示评注》第 25 卷

或家父通过世袭权利获得的地方。然而，在这两种情况下，继承人和其他任何继任者都可以合法地被埋葬，也可以埋葬其他人，即使他们——通过遗嘱或法定继承——只是很少部分【遗产】的继承人，即使其他继承人不同意。这一特权被准予了男女子女、其他等级的后代以及释免奴，不论他们接受不接受遗产。但是，关于无继承权的亲属，除非遗嘱人出于正义的仇恨而明确禁止这样做，否则可以出于人道动机而将他们埋葬。但除了他们自己的后代，不可掩埋其他人。在这种情况下，释免奴既不能被埋葬，也不能将他人埋葬，除非他们成为他们恩主的继承人，即使某些恩主在碑文上表明他们为自己和自由人们建造了纪念碑。帕比尼安也持有这种观点，并且它已经通过<帝国>谕令被反复确立。

D. 11，7，6，1

如果只是一座单纯的纪念碑，则任何人都可以将其出售或赠与。但是，如果它是衣冠冢（cenotaphium），则应当认为它不可以被出售。正如神君兄弟<马可·奥略留与路西奥·维罗>在批复中指出的那样，这种建筑物不是宗教场所。

D. 11，7，7pr. 盖尤斯：《行省告示评注》第 19 卷

将尸体埋在他人土地上的人，可以通过事实诉讼被强迫移走他掩埋的尸体，或支付土地价款。此诉讼既可以由继承人提出，也可以向继承人提出，并且是不受时效约束的。

D. 11, 7, 7, 1

Adversus eum, qui in alterius arcam lapideam, in qua adhuc mortuus non erit conditus, mortuum intulerit, utilem actionem in factum proconsul dat, quia non proprie vel in sepulchrum vel in locum alterius intulisse dici potest.

D. 11, 7, 8pr. Ulpianus libro vicensimo quinto ad edictum

Ossa quae ab alio illata sunt vel corpus an liceat domino loci effodere vel eruere sine decreto pontificum seu iussu principis, quaestionis est: et ait Labeo exspectandum vel permissum pontificale seu iussionem principis, alioquin iniuriarum fore actionem adversus eum qui eiecit.

D. 11, 7, 8, 1

Si locus religiosus pro puro venisse dicetur, praetor in factum actionem in eum dat ei ad quem ea res pertinet: quae actio et in heredem competit, cum quasi ex empto actionem contineat.

D. 11, 7, 8, 2

Si in locum publicis usibus destinatum intulerit quis mortuum, praetor in eum iudicium dat, si dolo fecerit et erit extra ordinem plectendus, modica tamen coercitione: sed si sine dolo, absolvendus est.

D. 11, 7, 7, 1

凡有人将尸体葬在他人尚未使用的石棺中，行省长官准予对他发起基于事实的扩用之诉，因为没人能正确地说，他将尸体葬在了坟墓中或他人的土地之上。

D. 11, 7, 8pr. 乌尔比安：《告示评注》第 25 卷

有人提出这个问题：土地所有者是否可以在没有教皇法令或皇帝命令的情况下，合法地将他人所埋的骨头或尸体挖掘或移走？拉贝奥说必须获得教皇的许可或皇帝的命令，否则将对移走遗体的人提起人身伤害诉讼。

D. 11, 7, 8, 1

当有人说宗教场所因为渎神已售出时，裁判官准许物主方针对卖家提起事实之诉；并且该诉讼也可以针对【卖家的】继承人提出，因为它类似于销售合同的诉讼。

D. 11, 7, 8, 2

当某人将尸体埋葬在拟供公众使用的地方，若他是故意地行事，则裁判官将允许对他提起诉讼，并且他应受到法院特别授权的处罚，尽管该处罚是温和的；但是如果他没有故意地行事，就必须被免责。

D. 11, 7, 8, 3

In hac autem actione loci puri appellatio et ad aedificium producenda est.

D. 11, 7, 8, 4

Nec solum domino haec actio competit, verum ei quoque, qui eiusdem loci habet usum fructum vel aliquam servitutem, quia ius prohibendi etiam hi habent.

D. 11, 7, 8, 5

Ei, qui prohibitus est inferre in eum locum, quo ei ius inferendi esset, in factum actio competit et interdictum, etiamsi non ipse prohibitus sit, sed procurator eius, quia intellectu aliquo ipse prohibitus videtur.

D. 11, 7, 9 Gaius libro nono decimo ad edictum provinciale

Liberum est ei qui prohibetur mortuum ossave mortui inferre aut statim interdicto uti, quo prohibetur ei vis fieri, aut alio inferre et postea in factum agere: per quam consequetur actor, quanti eius interfuerit prohibitum non esse, in quam computationem cadit loci empti pretium aut conducti merces, item sui loci pretium, quem quis, nisi coactus est, religiosum facturus non esset. unde miror, quare constare videatur neque heredi neque in heredem dandam hanc actionem: nam ut apparet, pecuniariae quantitatis ratio in eam deducitur: certe perpetuo ea inter ipsos competit.

D. 11, 7, 8, 3

在本诉讼中,"渎神的场所"一词也适用于建筑物。

D. 11, 7, 8, 4

这项诉讼不仅可以由土地拥有人提起,而且可以由在该土地上拥有用益权的人提起,也可以由在该土地上拥有某些地役权的人提起,因为这些当事人也有权禁止＜埋葬＞。

D. 11, 7, 8, 5

当有人被阻止在其有权埋葬死人的地方这样做时,他有权发起事实诉讼和获得令状,即使他本人并没有受到阻碍,但他的代理人受到了阻碍,因为在这种情况下,他本人被认为已被阻止。

D. 11, 7, 9 盖尤斯:《行省告示评注》第 19 卷

如果某人被阻止埋葬死人或死人的遗骨,或被阻止马上使用禁止对其施加暴力的禁令,或被阻止在他处进行葬礼后发起事实诉讼,则这取决于他:原告通过这一＜诉讼＞,获得了他不被禁止时的利益等价物,对其的估算包含了所购地的价格,或出租的租金,以及他自己的、非被强迫不会被变为宗教场所的土地价格。因此,我感到惊讶的是,一般来说,既不能批准继承人发起这一诉讼,也不能批准他人发起这一诉讼来起诉继承人。因为很显然,对财产数额的计算于此诉讼中被减去。当然,诉讼可以在双方之间不受时效限制地被提起。

D. 11, 7, 10 Ulpianus libro vicensimo quinto ad edictum

Si venditor fundi exceperit locum sepulchri ad hoc, ut ipse posterique eius illo inferrentur, si via uti prohibeatur, ut mortuum suum inferret, agere potest: videtur enim etiam hoc exceptum inter ementem et vendentem, ut ei per fundum sepulturae causa ire liceret.

D. 11, 7, 11 Paulus libro vicensimo septimo ad edictum

Quod si locus monumenti hac lege venierit, ne in eum inferrentur, quos ius est inferri, pactum quidem ad hoc non sufficit, sed stipulatione id caveri oportet.

D. 11, 7, 12pr. Ulpianus libro vicensimo quinto ad edictum

Si quis sepulchrum habeat, viam autem ad sepulchrum non habeat et a vicino ire prohibeatur, imperator Antoninus cum patre rescripsit iter ad sepulchrum peti precario et concedi solere, ut, quotiens non debetur, impetretur ab eo, qui fundum adiunctum habeat. non tamen hoc rescriptum, quod impetrandi dat facultatem, etiam actionem civilem inducit, sed extra ordinem interpelletur praeses et iam compellere debet iusto pretio iter ei praestari, ita tamen, ut iudex etiam de opportunitate loci prospiciat, ne vicinus magnum patiatur detrimentum.

D. 11，7，10 乌尔比安:《告示评注》第 25 卷

如果土地卖主为自己和后代保留一个埋葬的地方，而他被阻止使用道路以埋葬他的家庭成员，则他可以提起诉讼。因为应当认为，在买卖双方的协议中为卖家保留了用于埋葬的土地通行权。

D. 11，7，11 保罗:《告示评注》第 27 卷

但是，如果纪念碑的所在地被出售，前提是没有任何有权者会埋葬在那里，为此目的简约是不够的，必须通过要式口约给出担保。

D. 11，7，12pr. 乌尔比安:《告示评注》第 25 卷

如果一个人有一块墓地，但没有通往墓地的路<权>，并且被邻居阻止去往那里，安东尼<·卡拉卡拉>皇帝和他的父亲在一则批复中表示，习惯上徒步去往坟墓的通行<权>须申请，而这通常是被准许的；以至于，如果没有【通行】权，则可以从毗邻土地的主人那里请求之。该批复虽然提供了通过请求来获得<通行的>权利，但它不允许提起民事诉讼。可以在特别程序中申请通行权，因为<行省>总督必须强迫将路<权>给予那些支付了合理价格的当事人，不过法官还必须调查该地点是否合适，以免邻居遭受严重伤害。

D. 11, 7, 12, 1

Senatus consulto cavetur, ne usus sepulchrorum permutationibus polluatur, id est ne sepulchrum aliae conversationis usum accipiat.

D. 11, 7, 12, 2

Praetor ait: ' Quod funeris causa sumptus factus erit, eius reciperandi nomine in eum, ad quem ea res pertinet, iudicium dabo. '

D. 11, 7, 12, 3

Hoc edictum iusta ex causa propositum est, ut qui funeravit persequatur id quod impendit: sic enim fieri, ne insepulta corpora iacerent neve quis de alieno funeretur.

D. 11, 7, 12, 4

Funus autem eum facere oportet, quem decedens elegit: sed si non ille fecit, nullam esse huius rei poenam, nisi aliquid pro hoc emolumentum ei relictum est: tunc enim, si non paruerit voluntati defuncti, ab hoc repellitur. sin autem de hac re defunctus non cavit nec ulli delegatum id munus est, scriptos heredes ea res contingit: si nemo scriptus est, legitimos vel cognatos: quosque suo ordine quo succedunt.

D. 11, 7, 12, 1

元老院的一项决议规定，墓地的使用不得受到＜目的＞变更的污染，也就是说，通常墓地不得被用于其他目的。

D. 11, 7, 12, 2

裁判官说："凡因准备葬礼而产生任何费用的，我将批准向应当承担葬礼的当事方发起追偿诉讼。"

D. 11, 7, 12, 3

颁布该告示是有充分的理由的，即为了使举行葬礼的一方可以为他所花的钱提起诉讼。这样的结果就是尸体不会无人埋葬，或者花费他人的金钱来埋葬。

D. 11, 7, 12, 4

进行葬礼的主体最好是死者选定的人，但如果此人不这样做，将不会受到任何惩罚，除非【死者】为此目的向他留下了一些东西。那样，如果他不遵守死者的遗嘱，他将被剥夺酬金。但是，如果死者对此未作任何规定，且责任未被移交给任何人，则它将被移交给【遗嘱】指定的继承人；如果【遗嘱】没有指定任何人，则移交给法定继承人或按正常顺序继承的同族人。

VII DE RELIGIOSIS ET SUMPTIBUS FUNERUM ET UT FUNUS DUCERE LICEAT

D. 11, 7, 12, 5

Sumptus funeris arbitrantur pro facultatibus vel dignitate defuncti.

D. 11, 7, 12, 6

Praetor vel magistratus municipalis ad funus sumptum decernere debet, si quidem est pecunia in hereditate, ex pecunia: si non est, distrahere debet ea, quae tempore peritura sunt, quorum retentio onerat hereditatem: si minus, si quid auri argentique fuerit, distrahi aut pignerari iubebit, ut pecunia expediatur:

D. 11, 7, 13 Gaius libro nono decimo ad edictum provinciale

vel a debitoribus si facile exigi possit.

D. 11, 7, 14pr. Ulpianus libro vicensimo quinto ad edictum

Et si quis impediat eum qui emit, quo minus, ei res tradantur, praetorem intervenire oportere tuerique huiusmodi factum, si quid impediat quo minus ei res venditae tradantur.

D. 11，7，12，5

葬礼费用应根据死者的财力和尊荣来调节。

D. 11，7，12，6

如果遗产中有钱，则裁判官或城市执法官必须下令葬礼费用由遗产中的钱来支付，如果遗产中没钱，他必须下令将那些会随着时间的流逝而灭失、保留下来将成为遗产之负担的财产出售。如果无法做到这一点，他应命令出售或抵押可能存在的任何黄金或白银，以提供必要的资金。

D. 11，7，13 盖尤斯：《行省告示评注》第 19 卷

或者从债务人那里收取钱，如果他可以很容易地这样做的话。

D. 11，7，14pr. 乌尔比安：《告示评注》第 25 卷

如果有人阻止将上述财产交付给买方，即在有任何事情阻碍将财产交付买方的情况下，裁判官必须进行干预并保护这种行为。

D. 11, 7, 14, 1

Si colonus vel inquilinus sit is qui mortuus est nec sit unde funeretur, ex invectis illatis eum funerandum Pomponius scribit et si quid superfluum remanserit, hoc pro debita pensione teneri. sed et si res legatae sint a testatore de cuius funere agitur nec sit unde funeretur, ad eas quoque manus mittere oportet: satius est enim de suo testatorem funerari, quam aliquos legata consequi. sed si adita fuerit postea hereditas, res emptori auferenda non est, quia bonae fidei possessor est et dominium habet, qui auctore iudice comparavit. legatarium tamen legato carere non oportet, si potest indemnis ab herede praestari: quod si non potest, melius est legatarium non lucrari, quam emptorem damno adfici.

D. 11, 7, 14, 2

Si cui funeris sui curam testator mandaverit et ille accepta pecunia funus non duxerit, de dolo actionem in eum dandam Mela scripsit: credo tamen et extra ordinem eum a praetore compellendum funus ducere.

D. 11, 7, 14, 3

Funeris causa sumptus factus videtur is demum, qui ideo fuit ut funus ducatur, sine quo funus duci non possit, ut puta si quid impensum est in elationem mortui: sed et si quid in locum fuerit erogatum, in quem mortuus inferretur, funeris causa videri impensum Labeo scribit, quia necessario locus paratur, in quo corpus conditur.

D. 11, 7, 14, 1

彭波尼说，当死者为佃农或房客，且未留下任何东西来支付其葬礼费，则必须用他带入田地中的物品来支付款项，如果有任何多余物品，则它将被用来支付未付租金。此外，如果遗嘱人——所涉的是他的葬礼——遗赠了遗产，而没有任何遗物可以用来掩埋他，则上述遗赠物也必须用于此目的：因为遗嘱人的丧葬费从他自己的财产中获得，比起由他人获得遗赠来说更好。但是，如果【受遗赠人】已经接受了遗产，则不得从买方那里取得【出售的】任何财产，因为根据法院命令将任何东西带走的人都是善意占有人，并且拥有此物的所有权。但是，如果继承人可以赔偿【受遗赠者】，则不应剥夺受遗赠者的遗赠；如果他不能这样做，那么最好不要让受赠者从金钱上受益，这要比买方承担任何损失更好。

D. 11, 7, 14, 2

梅拉说，如果遗嘱人委托任何人来打理他的葬礼，而后者在为此目的收到钱后却不做，则应准许对他发起欺诈之诉。但是我认为，裁判官可以迫使他在特别程序下进行葬礼。

D. 11, 7, 14, 3

葬礼的相关费用是指因操办葬礼而产生、没有它葬礼就无法进行的费用。例如，由于移走尸体而产生的费用。拉贝奥说，葬礼费用还包括花费在尸体被埋葬的地方的钱，因为一个可以埋葬尸体的地方是必须准备的。

D. 11, 7, 14, 4

Impensa peregre mortui quae facta est ut corpus perferretur, funeris est, licet nondum homo funeretur: idemque et si quid ad corpus custodiendum vel etiam commendandum factum sit, vel si quid in marmor vel vestem collocandam.

D. 11, 7, 14, 5

Non autem oportet ornamenta cum corporibus condi nec quid aliud huiusmodi, quod homines simpliciores faciunt.

D. 11, 7, 14, 6

Haec actio quae funeraria dicitur ex bono et aequo oritur: continet autem funeris causa tantum impensam, non etiam ceterorum sumptuum. aequum autem accipitur ex dignitate eius qui funeratus est, ex causa, ex tempore et ex bona fide, ut neque plus imputetur sumptus nomine quam factum est neque tantum quantum factum est, si immodice factum est: deberet enim haberi ratio facultatium eius, in quem factum est, et ipsius rei, quae ultra modum sine causa consumitur. quid ergo si ex voluntate testatoris impensum est? sciendum est nec voluntatem sequendam, si res egrediatur iustam sumptus rationem, pro modo autem facultatium sumptum fieri.

D. 11, 7, 14, 4

为了将客死异乡的人送回而产生的费用,是丧葬费用,即使死者尚未被埋葬;在为保护尸体,或命人保护尸体,或为了大理石或寿衣而花费的任何金钱,均适用此规则。

D. 11, 7, 14, 5

然而,不宜将任何装饰品或其他此类物品与尸体一起埋葬,因为这是轻率者的做法。

D. 11, 7, 14, 6

这种被称为丧葬之诉的诉讼,其依据是善意和合理,仅包括与葬礼有关的花费,而不包括其他支出。必须将"合理"一词与被埋葬一方的尊荣、案件的情况、时间和善意结合起来加以理解。以便避免收取超出实际支出金额的数额,甚至实际支出的不加节制的费用也不可以收取。因此,必须考虑花钱所为的当事方的财力,甚至在没有正当理由而被不加节制地花掉的情况下,还必须考虑财产本身。但是,如果遗嘱人的遗嘱规定了这些费用,该怎么办?对此必须裁定,如果支出超出正当范围,就不应遵循他的遗嘱,因为这应当与<死者的>财力成比例。

VII DE RELIGIOSIS ET SUMPTIBUS FUNERUM ET UT FUNUS DUCERE LICEAT

D. 11, 7, 14, 7

Sed interdum is, qui sumptum in funus fecit, sumptum non recipit, si pietatis gratia fecit, non hoc animo quasi recepturus sumptum quem fecit: et ita imperator noster rescripsit. igitur aestimandum erit arbitro et perpendendum, quo animo sumptus factus sit, utrum negotium quis vel defuncti vel heredis gerit vel ipsius humanitatis, an vero misericordiae vel pietati tribuens vel affectioni. potest tamen distingui et misericordiae modus, ut in hoc fuerit misericors vel pius qui funeravit, ut eum sepeliret, ne insepultus iaceret, non etiam ut suo sumptu fecerit: quod si iudici liqueat, non debet eum qui convenitur absolvere: quis enim sine pietatis intentione alienum cadaver funerat? oportebit igitur testari, quem quo animo funerat, ne postea patiatur quaestionem.

D. 11, 7, 14, 8

Plerique filii cum parentes suos funerant, vel alii qui heredes fieri possunt, licet ex hoc ipso neque pro herede gestio neque aditio praesumitur, tamen ne vel miscuisse se necessarii vel ceteri pro herede gessisse videantur. solent testari pietatis gratia facere se sepulturam. quod si supervacuo fuerit factum, ad illud se munire videntur, ne miscuisse se credantur, ad illud non, ut sumptum consequantur: quippe protestantur pietatis gratia id se facere. plenius igitur eos testari oportet, ut et sumptum possint servare.

D. 11，7，14，7

然而有时候，当一个人支付了丧葬费，如果他是出于孝顺，并且在付钱时无意收回他所支付的数额，那么他就无法收回丧葬费，这是我们的皇帝＜卡拉卡拉＞在批复中说的。因此，仲裁人必须做出估计，并仔细考虑支付费用的动机。也就是说，当事方是为死者还是为其继承人参加此事？抑或是被人道、同情、孝敬及亲情所感召？但是，也可以为同情设定限制：在危急关头展现出同情和仁慈、并出钱操办葬礼的一方，是为了使死者免于无人掩埋而这样做，而不是他希望用自己的费用这样做。如果法官确认这一点，则他不应解除被告的责任。事实上，若非出于仁慈，有谁会埋葬一个陌生人的尸体？因此，当事方陈述自己这样做是出于何种适当的动机，以免事后经历诉讼。

D. 11，7，14，8

有时，当一些儿子在操办父母的葬礼时，或其他人在操办某个自己可以成为其继承人的人的葬礼时，尽管不能因此假定他们是以继承人的身份在管理，或假定他们接受遗产，但通常他们宣称自己是出于仁慈而操办了葬礼，要么为了不使人们认为必要的继承人被牵扯进遗产问题，要么为了不使人们认为其他人是以继承人的身份在行事。如果这也是多余的，那么很明显，他们采取了预防措施以使人们不会相信他们干涉了遗产，而且不是为了请求费用，因为他们已经公开宣布是出于仁慈而行事。因此，便于他们在可以讨要费用时，做出更加细致的宣告。

D. 11, 7, 14, 9

Fortassis quis possit dicere interdum partem sumptus facti posse reciperari, ut quis pro parte quasi negotium gerens, pro parte pietatis gratia id faciat: quod est verius: partem igitur sumptus consequetur, quem non donandi animo fecit.

D. 11, 7, 14, 10

Iudicem, qui de ea aequitate cognoscit, interdum sumptum omnino non debere admittere modicum factum, si forte in contumeliam defuncti hominis locupletis modicus factus sit: nam non debet huius rationem habere, cum contumeliam defuncto fecisse videatur ita eum funerando.

D. 11, 7, 14, 11

Si quis, dum se heredem putat, patrem familias funeraverit, funeraria actione uti non poterit, quia non hoc animo fecit quasi alienum negotium gerens: et ita Trebatius et Proculus putat. puto tamen et ei ex causa dandam actionem funerariam.

D. 11, 7, 14, 12

Labeo ait, quotiens quis aliam actionem habet de funeris impensa consequenda, funeraria eum agere non posse: et ideo si familiae erciscundae agere possit, funeraria non acturum: plane si iam familiae erciscundae iudicio actum sit, posse agi.

D. 11, 7, 14, 9

也许有人会说,在某些情况下可以诉请＜仅仅＞一部分费用,就像有时候,有人这样做的部分原因是管理【他人】事务,部分原因是出于仁慈,这是对的。因此他可以诉请他未带着捐赠的意图而花费的那部分费用。

D. 11, 7, 14, 10

当法官评估公平与否时,他有时不应该允许报销适度的支出,例如,丧葬的支出很小,目的是对有钱的死者带来冒犯。法官完全不应考虑,因为很明显,以这种方式掩埋死者的人,给死者带来了冒犯。

D. 11, 7, 14, 11

如果有人因以为自己是继承人而埋葬家父,则他不能提起丧葬诉讼,因为他并非带着管理他人事务的意图而行事。这是特雷巴求斯和普罗库勒的观点。但是我认为,在有正当理由的情况下,应该允许他发起丧葬诉讼。

D. 11, 7, 14, 12

拉贝奥说,只要有人有其他诉讼以追回丧葬费,他就无法使用丧葬之诉。因此,如果他有权发起遗产分割诉讼,他就不能发起丧葬诉讼。很明显,如果遗产分割诉讼已判决完毕,则他可以提起【丧葬】诉讼以追回丧葬费。

D. 11, 7, 14, 13

Idem Labeo ait, si prohibente herede funeraveris testatorem, ex causa competere tibi funerariam: quid enim si filium testatoris heres eius prohibuit? huic contradici potest: 'ergo pietatis gratia funerasti'. sed pone me testatum: habiturum me funerariam actionem: de suo enim expedit mortuos funerari. et quid si testator quidem funus mihi mandavit, heres prohibet, ego tamen nihilo minus funeravi? nonne aequum est mihi funerariam competere? et generaliter puto iudicem iustum non meram negotiorum gestorum actionem imitari, sed solutius aequitatem sequi, cum hoc ei et actionis natura indulget.

D. 11, 7, 14, 14

Divus autem Marcus rescripsit eum heredem, qui prohibet funerari ab eo quem testator elegit, non recte facere: poenam tamen in eum statutam non esse.

D. 11, 7, 14, 15

Qui mandatu alterius funeravit, non habet funerariam actionem, sed is scilicet, qui mandavit funerandum, sive solvit ei cui mandavit sive debet. quod si pupillus mandavit sine tutore auctore, utilem funerariam dandam adversus heredem ei qui impendit: lucrari enim heredem iniquum est. si autem pupillus funus ad se pertinens sine tutoris auctoritate mandavit, dandam in eum actio-

D. 11, 7, 14, 13

拉贝奥还说，如果你违背继承人的意愿而操办了遗嘱人的葬礼，只要有正当理由，你可以提出丧葬诉讼。但是，如果继承人禁止的对象是遗嘱人的儿子怎么办？在这种情况下，可以指控原告："你出于仁慈而操办了葬礼。"但是，假设我已公开声明＜求偿的意图＞，那么我将有权提起丧葬诉讼，因为死者应该用其自己的遗产埋葬。如果遗嘱人委托我操办葬礼，虽然继承人禁止葬礼，但我却进行了葬礼，该怎么办？我有权发起丧葬之诉，难道这不是公正的吗？一般来说，我的观点是，一个公正的法官不应严格遵循管理他人事务之诉，而是应当更加自由地追寻公正，当诉讼的特点也允许他这样做的时候。

D. 11, 7, 14, 14

神君马可＜·奥略留＞在批复中指出，继承人如果阻止遗嘱人选定的人操办葬礼，即属行止不端，尽管也没有规定可以惩罚他。

D. 11, 7, 14, 15

应他人的委托操办葬礼的人，无权发起丧葬之诉，但是当然，委托者要么将葬礼的费用支付受托人，要么他还欠着他。如果被监护人没有监护人的授权而做出这样的委托，则应当允许已付出费用的人向继承人发起裁判官诉讼以索要丧葬费，因为继承人以这种方式＜不当地＞获利是不公正的。

nem arbitror, si et heres extitit ei qui funeratus est solvendoque hereditas est. contra si quis mandatu heredis funeravit, non posse eum funeraria agere Labeo scribit, quia habet mandati actionem.

D. 11, 7, 14, 16

Si tamen quasi negotium heredis gerens funeravit, licet ratum non habeat, tamen funeraria eum agere posse Labeo scribit.

D. 11, 7, 14, 17

Datur autem haec actio adversus eos ad quos funus pertinet, ut puta adversus heredem bonorumve possessorem ceterosque successores.

D. 11, 7, 15 Pomponius libro quinto ad Sabinum

Funeris impensam et patronus, qui bonorum possessionem petit contra tabulas, praestat.

D. 11, 7, 16 Ulpianus libro vicensimo quinto ad edictum

In eum, ad quem dotis nomine quid pervenerit, dat praetor funerariam actionem: aequissimum enim visum est veteribus mulieres quasi de patrimoniis suis ita de dotibus funerari et eum, qui morte mulieris dotem lucratur, in funus conferre debere, sive pater mulieris est sive maritus.

第七章 关于宗教场所、丧葬费及如何准备葬礼

但是，如果被监护人没有监护人授权而委托他人操办一桩应当由他本人操办的葬礼，我认为，如果他是被埋葬者的继承人，并且遗产具有偿付能力，则应该允许对他发起诉讼。相反，当任何人在继承人的委托下操办了葬礼，拉贝奥说，他不能提起丧葬之诉，因为他有权发起委托之诉。

D. 11，7，14，16

但是，如果他将操办葬礼当成管理继承人的事务的话，拉贝奥说，即使【继承人】没有认可，他仍有权提起丧葬诉讼。

D. 11，7，14，17

这项诉讼被准许针对那些有义务操办葬礼的人发起，例如继承人、遗产财产的占有人或任何其他继承人。

D. 11，7，15 彭波尼：《萨宾评注》第5卷

一个违反<遗嘱>文件规定而申请占有遗产的恩主，也必须支付丧葬费。

D. 11，7，16 乌尔比安：《告示评注》第25卷

当一个人以嫁资的名义收到任何财产时，裁判官允许对其发起丧葬之诉。因为古代人认为完全正当的是：妇女的丧葬费应从她们的嫁资中支付，就像从她们的私有财产中支付一样，并且因死亡妇女的嫁资而获利的男人——不论他是上述女子的父亲还是丈夫——都应当支付她的丧葬费。

D. 11, 7, 17 Papinianus libro tertio responsorum

Sed si nondum pater dotem reciperaverit, vir solus convenietur reputaturus patri, quod eo nomine praestiterit:

D. 11, 7, 18 Iulianus libro decimo digestorum

impensa enim funeris aes alienum dotis est:

D. 11, 7, 19 Ulpianus libro quinto decimo ad Sabinum

ideoque etiam dos sentire hoc aes alienum debet.

D. 11, 7, 20pr. Idem libro vicensimo quinto ad edictum

Neratius quaerit, si is, qui dotem dederat pro muliere, stipulatus est duas partes dotis reddi, tertiam apud maritum remanere, pactus sit, ne quid maritus in funus conferret, an funeraria maritus teneatur. et ait, si quidem ipse stipulator mulierem funeravit, locum esse pacto et inutilem ei funerariam fore: si vero alius funeravit, posse eum maritum convenire, quia pacto hoc publicum ius infringi non possit. quid tamen si quis dotem hac lege dederit pro muliere, ut ad ipsum rediret, si in matrimonio mortua esset, aut quoquo modo soluto matrimonio? numquid hic in funus non conferat? sed cum dos morte mulieris ad eum pervenerit, potest dici conferre eum.

D. 11，7，17 帕比尼安:《解答集》第 3 卷

但是，如果妇女之父亲尚未收回嫁资，则只能起诉丈夫，而丈夫可以向妇女之父亲索要他为此而支付的任何款项。

D. 11，7，18 尤里安:《学说汇纂》第 10 卷

因为葬礼费用是嫁妆的债务；

D. 11，7，19 乌尔比安:《萨宾评注》第 15 卷

因此，嫁资对这笔债务负责。

D. 11，7，20pr. 乌尔比安:《告示评注》第 25 卷

涅拉茨问道：如果一位给予妇女嫁资的男人约定应将三分之二归还给他，且另外三分之一应归丈夫所有，并同意丈夫不须支付葬礼的任何花费，丈夫会在丧葬之诉中被判有责吗？他回答说：如果约定者本人将妇女埋葬，则该协议有效，丧葬诉讼将归于无用；如果是他人操办的葬礼，则可以起诉丈夫，因为没人可以用<区区>简约转让一项公法权利。但是如果有人将嫁资给予新娘，条件是如果新娘在婚姻中死亡或婚姻以其他任何方式终止则嫁资返还给他，该怎么办？他是不是不必支付丧葬费？但是，因为嫁资被返还给了他，应当说他应当支付。

D. 11, 7, 20, 1

Si maritus lucratur dotem, convenietur funeraria, pater autem non. sed in hunc casum puto, si dos, quia permodica fuit, in funus non sufficit, in superfluum in patrem debere actionem dari.

D. 11, 7, 20, 2

Cum mater familias decedit nec est eius solvendo hereditas, funerari eam ex dote tantum oportet. et ita Celsus scribit.

D. 11, 7, 21 Paulus libro vicensimo septimo ad edictum

In patrem, cuius in potestate fuerit is cuius funus factum erit, competit funeraria actio pro dignitate et facultatibus.

D. 11, 7, 22 Ulpianus libro vicensimo quinto ad edictum

Celsus scribit: quotiens mulier decedit, ex dote, quae penes virum remanet, et ceteris mulieris bonis pro portione funeranda est.

D. 11, 7, 23 Paulus libro vicensimo septimo ad edictum

Veluti si in dotem centum sint, in hereditate ducenta, duas partes heres, unam vir conferet.

D. 11，7，20，1

如果丈夫因嫁资而获利，则可以依据丧葬之诉令其负责，而父亲则不能。但是我认为，在嫁资由于数额很小而不足以支付丧葬费的情况下，应当允许针对父亲发起不足金额之诉。

D. 11，7，20，2

如果一个女自由人去世，而她的遗产没有偿付能力，则其丧葬费必须仅由嫁资支付。杰尔苏也是这样说的。

D. 11，7，21 保罗：《告示评注》第 27 卷

如果被埋葬者是在父亲的控制下，则可以按照父亲的尊荣和财力对父亲提起丧葬诉讼。

D. 11，7，22 乌尔比安：《告示评注》第 25 卷

杰尔苏说：如果妇女去世，丧葬费应按比例从丈夫手中剩余的嫁资和妻子的其他财产中支付。

D. 11，7，23 保罗：《告示评注》第 27 卷

例如，嫁资价值一百，她的遗产价值两百，则继承人必须承担三分之二的费用，丈夫必须承担丧葬费用的三分之一。

D. 11, 7, 24 Ulpianus libro vicensimo quinto ad edictum

Iulianus scribit: non deductis legatis

D. 11, 7, 25 Paulus libro vicensimo septimo ad edictum

nec pretiis manumissorum

D. 11, 7, 26 Pomponius libro quinto decimo ad Sabinum

nec aere alieno deducto

D. 11, 7, 27pr. Ulpianus libro vicensimo quinto ad edictum

sic pro rata et maritum et heredem conferre in funus oportet.

D. 11, 7, 27, 1

Maritus funeraria non convenietur, si mulieri in matrimonio dotem solverit, ut Marcellus scribit: quae sententia vera est: in his tamen casibus, in quibus hoc ei facere legibus permissum est.

D. 11, 7, 27, 2

Praeterea maritum puto funeraria in id demum teneri quod facere potest: id enim lucrari videtur, quod praestaret mulieri, si conveniretur.

D. 11, 7, 24 乌尔比安:《告示评注》第 25 卷

尤里安说,在这种情况下,不得扣除遗赠。

D. 11, 7, 25 保罗:《告示评注》第 27 卷

或被释放的奴隶的价值。

D. 11, 7, 26 彭波尼:《萨宾评注》第 15 卷

债务也不得扣除。

D. 11, 7, 27pr. 乌尔比安:《告示评注》第 25 卷

因此,丈夫和继承人必须按<各自份额的>比例分担葬礼费用。

D. 11, 7, 27, 1

马尔切勒说,如果丈夫在结婚期间将嫁资支付给了妻子,则不能对丈夫提起丧葬之诉。这种意见是正确的,但仅在法律允许他这样做的情况下。

D. 11, 7, 27, 2

此外,我认为丈夫只在其<经济>可能的限度内才为丧葬诉讼担责。因为如果妻子起诉他,则他似乎因为那笔可能支付给妻子的款项而得利。

D. 11, 7, 28 Pomponius libro quinto decimo ad Sabinum

Quod si nulla dos esset, tunc omnem impensam patrem praestare debere Atilicinus ait aut heredes eius mulieris, puta emancipatae. quod si neque heredes habeat neque pater solvendo sit, maritum in quantum facere potest pro hoc conveniri, ne iniuria eius videretur quondam uxorem eius insepultam relinqui.

D. 11, 7, 29pr. Gaius libro nono decimo ad edictum provinciale

Si mulier post divortium alii nupta decesserit, non putat Fulcinius priorem maritum, licet lucri dotem faciat, funeris impensam praestare.

D. 11, 7, 29, 1

Is qui filiam familias funeravit, antequam dos patri reddatur, cum marito recte agit: reddita dote patrem obligatum habet. utique autem, si cum marito actum fuerit, is eo minus patri mulieris restituturus est.

D. 11, 7, 30pr. Pomponius libro quinto decimo ad Sabinum

Contra quoque quod pater in funus filiae inpendit aut alio agente secum funeraticia praestitit, ipse actione de dote a marito recipit.

D. 11，7，28 彭波尼：《萨宾评注》第 15 卷

阿提里奇诺说，如果没有嫁资，则父亲必须支付全部费用。或者，如果该妇女被解放，则她的继承人应该支付。但是，如果没有继承人，且父亲也无力偿还，则可以在丈夫<经济>可能的限度内对其提起诉讼，以免因其不良行为而使妻子无人掩埋。

D. 11，7，29pr. 盖尤斯：《行省告示评注》第 19 卷

富尔奇纽说，如果一个女人在离婚后嫁给另一个男人，然后死亡，第一任丈夫不应该支付丧葬费，即使他可能从嫁资中获利。

D. 11，7，29，1

凡有人操办了父权下的女人的葬礼，在她的嫁资被归还其父亲之前，他可以很妥当地向她的丈夫提起诉讼。但是在嫁资被归还的情况下，他可以追究她父亲的责任。因此，如果诉讼是针对丈夫发起的，那些应当归还给妻子父亲的<嫁资>，将会在对丈夫的诉请中被除去。

D. 11，7，30pr. 彭波尼：《萨宾评注》第 15 卷

另一方面，无论父亲为其女儿的葬礼花费了多少，或由于被人发起丧葬之诉而支付给他人多少，他都可以通过嫁资之诉从丈夫那里索还。

D. 11, 7, 30, 1

Sed si emancipata in matrimonio decedat, collaturos heredes bonorumve possessores et patrem pro portione dotis quam recipit et virum pro portione dotis quam lucratus est.

D. 11, 7, 31 pr. Ulpianus libro vicensimo quinto ad edictum

Si filius familias miles sit et habeat castrense peculium, puto successores eius ante teneri, sic deinde ad patrem venire.

D. 11, 7, 31, 1

Qui servum alienum vel ancillam sepelivit, habet adversus dominum funerariam actionem.

D. 11, 7, 31, 2

Haec actio non est annua, sed perpetua, et heredi ceterisque successoribus et in successores datur.

D. 11, 7, 32 pr. Paulus libro vicensimo septimo ad edictum

Si possessor hereditatis funus fecerit, deinde victus in restitutione non deduxerit quod impenderit, utilem esse ei funerariam.

D. 11, 7, 30, 1

但是，如果一个已解放的女儿在婚姻关系存续期间死亡，则她的继承人或＜遗产＞财产占有人将被迫支付【她的丧葬费】，她的父亲也须以其所收到的嫁资按比例【支付她的丧葬费】，她的丈夫也须以他从嫁资中的获利按比例【支付她的丧葬费】。

D. 11, 7, 31pr. 乌尔比安：《告示评注》第 25 卷

如果父权下的家子是一名士兵，并且有军人特有产（castrense peculium），我认为他的继任者应首先担责，然后才可由他的父亲担责。

D. 11, 7, 31, 1

任何人埋葬他人的男性或女性奴隶的，均有权对其主人提起丧葬诉讼。

D. 11, 7, 31, 2

此诉讼不限于一年，而是永久的，并其被准予继承人和其他继任者发起以及准予向【奴隶主的】继任者发起。

D. 11, 7, 32pr. 保罗：《告示评注》第 27 卷

如果遗产的占有人操办了葬礼，然后＜在遗产请求之诉中＞败诉，并且在返还＜遗产＞时未能扣除其支出的金额，他将有权要求提起扩用之诉，以追回丧葬费用。

D. 11, 7, 32, 1

Si eodem momento temporis vir et uxor decesserit, Labeo ait in heredem viri pro portione dotis dandam hanc actionem, quoniam id ipsum dotis nomine ad eum pervenit.

D. 11, 7, 33 Ulpianus libro sexagesimo octavo ad edictum

Si quis fuit heres, deinde hereditas ablata sit ei quasi indigno, magis est, ut penes eum iura sepulchrorum remaneant.

D. 11, 7, 34 Paulus libro sexagensimo quarto ad edictum

Si locus sub condicione legatus sit, interim heres inferendo mortuum non facit locum religiosum.

D. 11, 7, 35 Marcellus libro quinto digestorum

Minime maiores lugendum putaverunt eum, qui ad patriam delendam et parentes et liberos interficiendos venerit: quem si filius patrem aut pater filium occidisset, sine scelere, etiam praemio adficiendum omnes constituerunt.

D. 11, 7, 32, 1

在夫妻双方同时死亡的情况下,拉贝奥说,应根据【丈夫有权获得的】嫁资的比例,准许向丈夫的继承人发起这一诉讼,因为这责任本身由于嫁资而转移给他。

D. 11, 7, 33 乌尔比安:《告示评注》第 68 卷

当一个人之前是继承人,但后来遗产由于他不配(indignus)而从他手中被夺走了,更好的观点是,他的埋葬权仍然保留。

D. 11, 7, 34 保罗:《告示评注》第 64 卷

如果一个地方被附条件地遗赠给他人,此间【即条件尚未成就时】继承人在那里埋葬了死者,这并不会使该地方成为宗教场所。

D. 11, 7, 35 马尔切勒:《学说汇纂》第 5 卷

我们的祖先们认为,任何破坏其国家、杀害其长辈和后代的人都不应该受到哀悼。他们都认为,如果儿子杀死了一个这样的父亲,或父亲杀死了一个这样的儿子,该行为不是犯罪,甚至应该获得奖励。

VII DE RELIGIOSIS ET SUMPTIBUS FUNERUM ET UT FUNUS DUCERE LICEAT

D. 11, 7, 36 Pomponius libro vicensimo sexto ad Quintum Mucium

Cum loca capta sunt ab hostibus, omnia desinunt religiosa vel sacra esse, sicut homines liberi in servitutem perveniunt: quod si ab hac calamitate fuerint liberata, quasi quodam postliminio reversa pristino statui restituuntur.

D. 11, 7, 37pr. Macer libro primo ad legem vicensimam hereditatium

Funeris sumptus accipitur, quidquid corporis causa veluti unguentorum erogatum est, et pretium loci in quo defunctus humatus est, et si qua vectigalia sunt, vel sarcophagi et vectura: et quidquid corporis causa antequam sepeliatur consumptum est, funeris impensam esse existimo.

D. 11, 7, 37, 1

Monumentum autem sepulchri id esse divus Hadrianus rescripsit, quod monumenti, id est causa muniendi eius loci factum sit, in quo corpus impositum sit. itaque si amplum quid aedificari testator iusserit, veluti incircum porticationes, eos sumptus funeris causa non esse.

D. 11，7，36 彭波尼：《对昆图斯·穆齐的课文的评注》第26卷

敌人占领的地方不再是宗教场所或神圣场所，就像自由人堕入奴役一样。但是，当这些地方摆脱这种灾难时，它们通过一种复境（postliminium）而恢复了以前的状态。

D. 11，7，37 pr. 马切尔：《二十分之一的遗产法》第1卷

必须理解，"丧葬费"包括了为<逝者的>尸体而付出的一切。例如，在购买油膏时【的支出】、死者被埋葬的地方的价格、应支付的租金、石棺的费用、运输费以及其他任何在尸体被掩埋之前为其消耗的费用，我认为都应该计入丧葬费。

D. 11，7，37，1

神君哈德良在批复中说，必须将那些被建来保卫坟墓——即保护<死者>尸体被安放的所在——的东西视为坟墓纪念碑。因此，如果遗嘱人下令建造奢侈的东西，例如以圆形形式建造多个柱廊，则这些不是与葬礼相关的费用。

D. 11, 7, 38 Ulpianus libro nono de omnibus tribunalibus

Ne corpora aut ossa mortuorum detinerentur aut vexarentur neve prohiberentur quo minus via publica transferrentur aut quominus sepelirentur, praesidis provinciae officium est.

D. 11, 7, 39 Marcianus libro tertio institutionum

Divi fratres edicto admonuerunt, ne iustae sepulturae traditum, id est terra conditum corpus inquietetur: videtur autem terra conditum et si in arcula conditum hoc animo sit, ut non alibi transferatur. sed arculam ipsam, si res exigat, in locum commodiorem licere transferre non est denegandum.

D. 11, 7, 40 Paulus libro tertio quaestionum

Si quis enim eo animo corpus intulerit, quod cogitaret inde alio postea transferre magisque temporis gratia deponere, quam quod ibi sepeliret mortuum et quasi aeterna sede dare destinaverit, manebit locus profanus.

D. 11, 7, 41 Callistratus libro secundo institutionum

Si plures sint domini eius loci, ubi mortuus infertur, omnes consentire debent, cum extranei inferantur: nam ex ipsis dominis quemlibet recte ibi sepeliri constat etiam sine ceterorum consensu, maxime cum alius non sit locus in quo sepeliretur.

D. 11, 7, 38 乌尔比安:《论各种法院》第 9 卷

行省总督的职责是确保死者的尸体或遗骨不被扣留,不被粗暴对待,或禁止在公路上运输,或被禁止掩埋。

D. 11, 7, 39 马尔西安:《法学阶梯》第 3 卷

神君兄弟<马可·奥略留和路奇奥·维罗>以一则告示告诫道:在<死者的>尸体被合法地埋葬后,即被放置在地下后,不得将其移动;带着不将尸体移往他处的目地而将其置于一个棺材内,也算放置在地下。不能否认,如果情况需要,将该棺材移到更方便的位置是合法的。

D. 11, 7, 40 保罗:《问题集》第 3 卷

因为当有人安葬了一具尸体,目的是随后将其移到其他地方,并宁愿将其存放在那里一段时间,而不是将其永久地埋葬,或为其提供最后的安息之所,则这个地方将一直是渎神的。

D. 11, 7, 41 伽利斯特拉杜斯:《法学阶梯》第 2 卷

如果尸体被埋葬的地方有一个以上的共有人,当被埋葬的是陌生人时,则每个共有人都必须表示同意。因为毫无疑问,共有人中的任何一个即使没有其他共有人的同意,也可以妥当地埋葬在这里,尤其是在没有其他地方可以将他埋葬的情况下。

D. 11, 7, 42 Florentinus libro septimo institutionum

Monumentum generaliter res est memoriae causa in posterum prodita: in qua si corpus vel reliquiae inferantur, fiet sepulchrum, si vero nihil eorum inferatur, erit monumentum memoriae causa factum, quod Graeci *kenotȄ fion* appellant.

D. 11, 7, 43 Papinianus libro octavo quaestionum

Sunt personae, quae, quamquam religiosum locum facere non possunt, interdicto tamen de mortuo inferendo utiliter agunt, ut puta dominus proprietatis, si in fundum, cuius fructus alienus est, mortuum inferat aut inferre velit: nam si intulerit, non faciet iustum sepulchrum, sed si prohibeatur, utiliter interdicto, qui de iure dominii quaeritur, aget. eademque sunt in socio, qui in fundum communem invito socio mortuum inferre vult. nam propter publicam utilitatem, ne insepulta cadavera iacerent, strictam rationem insuper habemus, quae nonnumquam in ambiguis religionum quaestionibus omitti solet: nam summam esse rationem, quae pro religione facit.

D. 11, 7, 44 Paulus libro tertio quaestionum

Cum in diversis locis sepultum est, uterque quidem locus religiosus non fit, quia una sepultura plura sepulchra efficere non potest: mihi autem videtur illum religiosum esse, ubi quod est principale conditum est, id est caput, cuius imago fit, inde cognoscimur. cum autem impetratur, ut reliquiae transferantur, desinit locus religiosus esse.

D. 11, 7, 42 弗罗伦丁:《法学阶梯》第 7 卷

一般而言,纪念碑是留传给后代<以保存记忆>的东西;如果尸体或遗骸被置于其中,则其成为坟墓;但是,如果没有这种东西存放在里面,它就变成了被竖立为纪念物的纪念碑,希腊人称其为衣冠冢(kenot£fion)。

D. 11, 7, 43 帕比尼安:《问题集》第 8 卷

有些人虽然不能使一个地方成为宗教场所,但仍然可以非常适当地通过扩用之诉来使用关于掩埋死尸的令状。例如,当财产的单纯所有人将尸体埋葬或希望将尸体埋在一块用益权归他人所有的土地上时。因为如果他将尸体埋在那里,他将不会使该坟墓成为合法的;但如果他被阻止这样做,他可以非常妥当地以令状发起扩用之诉,通过该诉讼可以对所有权进行争讼。在合伙人或共有人希望在未经其他合伙人或共有人同意的情况下将尸体埋葬在共有地时,也适用同样的规则。因为为了公共福祉,以及为了不使尸体无人埋葬,我们不适用严格的规则,这些规则有时在宗教领域的可疑问题中被忽略:因为最高的规则是有利于宗教的规则。

D. 11, 7, 44 保罗:《问题集》第 3 卷

当葬礼在不同的地方进行时,由于埋葬一人不会造成两个坟墓,所以不会两个地方都成为宗教场所,但是在我看来,放置身体主要部位——即头部——的地方应该成为宗教场所,通过头部我们得以识别相貌。然而,当获得许可移走遗骸时,该地方不再是宗教场所。

VII DE RELIGIOSIS ET SUMPTIBUS FUNERUM ET UT FUNUS DUCERE LICEAT

D. 11, 7, 45 Maecianus libro octavo fideicommissorum

Impensa funeris semper ex hereditate deducitur, quae etiam omne creditum solet praecedere, cum bona solvendo non sint.

D. 11, 7, 46pr. Scaevola libro secundo quaestionum

Si plura praedia quis habuit et omnium usum fructum separatim legaverit, poterit in unum inferri et electio erit heredis et gratificationi locus: sed fructuario utilem actionem in heredem dandam ad id recipiendum, quod propter eam electionem minutus est usus fructus.

D. 11, 7, 46, 1

Si heres mulieris inferat mortuam in hereditarium fundum, a marito qui debet in funus conferre, pro aestimatione loci consequatur.

D. 11, 7, 46, 2

Ei, cui vestimenta legantur, si in funus erogata sint, utilem actionem in heredem dandam placuit et privilegium funerarium.

D. 11，7，45 马尔西安:《遗产信托》第 8 卷

丧葬费总是从遗产中扣除，在 <遗产> 财产无力偿还的情况下，丧葬费习惯上优先于所有 <其他> 债务。

D. 11，7，46pr. 谢沃拉:《问题集》第 2 卷

如果一个人拥有几片土地，并将其全部土地的用益权分别遗赠给他人，则他只可以被埋葬在任何一块土地中，他的继承人将有选择权，并可偏爱 <其他受遗赠人>。但是，应当准许用益权人针对继承人发起扩用之诉，以恢复选择权使他的用益权减少的价值。

D. 11，7，46，1

如果一名妇女的继承人将【该妇女的】遗体埋在她遗产中的土地上，则此继承人从妇女的丈夫那里收回他应为葬礼费用——这取决于土地的价值——分担的款项。

D. 11，7，46，2

看来，凡有人受遗赠衣物，而他为了支付丧葬费而将其出售，则应准许【他】针对继承人提起扩用之诉，并给他丧葬费特权。

VIII
DE MORTUO INFERENDO ET SEPULCHRO AEDIFICANDO

D. 11, 8, 1 pr. Ulpianus libro sexagensimo octavo ad edictum

Praetor ait: 'Quo quave illi mortuum inferre invito te ius est, quo minus illi eo eave mortuum inferre et ibi sepelire liceat, vim fieri veto.'

D. 11, 8, 1, 1

Qui inferendi mortuum ius habet, non prohibetur inferre: prohiberi autem inferre videtur, sive in locum inferre prohibeatur sive itinere arceatur.

D. 11, 8, 1, 2

Hoc interdicto de mortuo inferendo dominus proprietatis uti potest, quod etiam de loco puro competit.

第八章
关于尸体的埋葬和坟墓的建造

D. 11, 8, 1pr.　乌尔比安:《告示评注》第 68 卷

裁判官说:"当有人合法地将死人埋葬,并将其葬于其有权之地,＜即使是＞违背你的意愿,我禁止任何人使用暴力阻止他这样做。"

D. 11, 8, 1, 1

凡有权埋葬尸体的人,都不应被阻止这样做;无论他是在埋葬它时受妨碍,或是被阻止通行,都认为他是被禁止埋葬它。

D. 11, 8, 1, 2

房屋的单纯所有者可以利用该令状来埋葬尸体。实际上,它适用于非宗教性的土地的情况。

VIII DE MORTUO INFERENDO ET SEPULCHRO AEDIFICANDO

D. 11, 8, 1, 3

Item si mihi in fundum via debeatur, in quem fundum inferre volo, et via prohibear, hoc interdicto posse me experiri placuit, quia inferre prohibeor, qui via uti prohibeor: idque erit probandum et si alia servitus debeatur.

D. 11, 8, 1, 4

Hoc interdictum prohibitorium esse palam est.

D. 11, 8, 1, 5

Praetor ait: 'Quo illi ius est invito te mortuum inferre, quominus illi in eo loco sepulchrum sine dolo malo aedificare liceat, vim fieri veto.'

D. 11, 8, 1, 6

Interdictum hoc propterea propositum est, quia religionis interest monumenta exstrui et exornari.

D. 11, 8, 1, 7

Facere sepulchrum sive monumentum in loco, in quo ei ius est, nemo prohibetur.

D. 11, 8, 1, 3

同样，如果我想将死人埋葬于一块土地，而我有通向该土地的通行＜役＞权，并且我被阻止使用上述通行权，那么看起来我可以使用这一令状；因为我被阻止使用通行权，所以我也无法埋葬；当我享有任何其他役权时，也应当采用相同的规则。

D. 11, 8, 1, 4

显然，这一令状是禁止性的。

D. 11, 8, 1, 5

裁判官说："当有人可以合法地在其有权埋葬死者的地方建造坟墓，如果他这样做不是出于欺诈，那么即使这违反了你的意愿，我也禁止你使用武力阻止他这样做。"

D. 11, 8, 1, 6

颁布该令状是因为它符合宗教的利益，即应当建造和装饰纪念碑。

D. 11, 8, 1, 7

不得阻止任何人在他有权这样做的地方建造坟墓或纪念碑。

D. 11, 8, 1, 8

Aedificare videtur prohibere et qui prohibet eam materiam convehi, quae aedificio necessaria sit. proinde et si operi necessarios prohibuit quis venire, interdictum locum habet, et si machinam alligare quis prohibeat, si tamen eo loci prohibeat, qui servitutem debeat: ceterum si in meo solo velis machinam ponere, non tenebor interdicto, si iure te non patiar.

D. 11, 8, 1, 9

Aedificare autem non solum qui novum opus molitur intellegendus est, verum is quoque, qui vult reficere.

D. 11, 8, 1, 10

Is qui id agit, ut labatur sepulchrum, hoc interdicto tenetur.

D. 11, 8, 2 Marcellus libro vicensimo octavo digestorum

Negat lex regia mulierem, quae praegnas mortua sit, humari, antequam partus ei excidatur: qui contra fecerit, spem animantis cum gravida peremisse videtur.

D. 11, 8, 3pr. Pomponius libro nono ad Sabinum

Si propius aedes tuas quis aedificet sepulchrum, opus novum tu nuntiare poteris, sed facto opere nullam habebis actionem nisi quod vi aut clam.

第八章 关于尸体的埋葬和坟墓的建造

D. 11, 8, 1, 8

当有人阻止他人运送建筑【坟墓】所必需的物料时,人们就认为他禁止他人建造【坟墓】。因此,如果有人阻止了必要的工人到来,那么就可以适用此令状;如果任何人阻止安装机器,只要他是在受地役权限制的地方这样做,也可适用此令状。但是,如果你尝试在自己的土地上架设机械,如果我有权阻止你这样做,那我将不会依这一令状担责。

D. 11, 8, 1, 9

必须理解,一个人不仅在开始一项新工作时在"建造",而且在他希望进行修理时也在"建造"。

D. 11, 8, 1, 10

当某人使坟墓倒塌,则他依这一令状承担责任。

D. 11, 8, 2 马尔切勒:《学说汇纂》第 28 卷

皇家法令不许将在怀孕期间死亡的妇女在其未出生的孩子被移走之前埋葬;任何违反这项法律的人都被认为是通过埋葬怀孕母亲而破坏了孩子活着的希望。

D. 11, 8, 3pr. 彭波尼:《萨宾评注》第 9 卷

如果有人在你家附近建造坟墓,你可以控告这一新建筑;但是在此建筑完成之后,你将无权对他发起诉讼,除非采取<以>由于暴力或暗中<损害(quod vi aut clam)开头的>令状的方式。

D. 11, 8, 3, 1

Si propius aedificium alienum intra legitimum modum mortuus illatus sit, postea eum prohibere non poterit aedificii dominus, quominus alium mortuum eo inferat vel monumentum aedificet, si ab initio domino sciente hoc fecerit.

D. 11, 8, 4 Ulpianus libro secundo responsorum

Longa possessione ius sepulchri non tribui ei, cui iure non competit.

D. 11, 8, 5pr. Idem libro primo opinionum

Si in eo monumento, quod imperfectum esse dicitur, reliquiae hominis conditae sunt, nihil impedit quominus id perficiatur.

D. 11, 8, 5, 1

Sed si religiosus locus iam factus sit, pontifices explorare debent, quatenus salva religione desiderio reficiendi operis medendum sit

第八章 关于尸体的埋葬和坟墓的建造

D. 11，8，3，1

如果死者被埋在他人的房屋附近，少于法律规定的距离，则房屋的所有者其后不能阻止同一方将另一个死者埋在那里，或 <在那里> 建立纪念碑，如果该方从一开始就在所有者知情的情况下行事的话。

D. 11，8，4 乌尔比安：《解答集》第 2 卷

如果一方不是合法地拥有土地，则该方不能通过长期占有来获得墓地权。

D. 11，8，5pr. 乌尔比安：《意见集》第 1 卷

如果一些人体遗骸被葬在据说尚未完工的纪念碑中，则不会对其完工造成任何阻碍。

D. 11，8，5，1

但是，如果该地方已被定为宗教场所，则教皇必须评估应当在多大程度上满足完成该建筑物的意愿，同时捍卫宗教。

声 明	1. 版权所有，侵权必究。
	2. 如有缺页、倒装问题，由出版社负责退换。

图书在版编目（CIP）数据

学说汇纂.第十一卷，可产生法律效果的各种行为与事实/（古罗马）优士丁尼著；吴鹏译；（意）腊兰校.—北京：中国政法大学出版社，2021.2
　ISBN 978-7-5620-9872-0

　Ⅰ.①学… Ⅱ.①优… ②吴… ③腊… Ⅲ.①罗马法－研究
Ⅳ.①D904.1

中国版本图书馆CIP数据核字(2021)第034278号

出 版 者	中国政法大学出版社
地　　址	北京市海淀区西土城路25号
邮寄地址	北京100088 信箱8034分箱　邮编100088
网　　址	http://www.cuplpress.com（网络实名：中国政法大学出版社）
电　　话	010-58908285(总编室) 58908433（编辑部）58908334(邮购部)
承　　印	固安华明印业有限公司
开　　本	880mm×1230mm　1/32
印　　张	5.375
字　　数	105千字
版　　次	2021年2月第1版
印　　次	2021年2月第1次印刷
定　　价	32.00元